Dello stesso autore:

L'impresa, l'anima e le forme
Responsabilità d'impresa
L'inverno di Monti. Il bisogno della politica
Diario sudamericano
Dove va il mondo? Per una storia mondiale del presente
Se la Merkel è Carlo V. Perché l'Italia può sfasciarsi. Come cinquecento anni fa (con Ludovico Festa)
Dialoghi inattuali sull'etica (con Augusto Carena)
Cleptocrazia. Il «meccanismo unico» della corruzione tra economia e politica
Un nuovo mondo. La rivoluzione di Trump e i suoi effetti globali
Oltre il capitalismo. Macchine, lavoro, proprietà
Chi comanda in Italia
Nulla è come prima (con Enrico Quintavalle)

Sguardi sul mondo attuale

Giulio Sapelli

2020
Pandemia e Resurrezione

Con contributi di
di Giuseppe De Lucia Lumeno e Alessandro Mangia

goWare

GUERINI
E ASSOCIATI

via Comelico, 3 – 20135 Milano
https://www.guerini.it
e-mail: info@guerini.it

Via delle Panche 81 – 50141 Firenze
https://www.goware-apps.com
e-mail: info@goware-apps.it

Prima edizione: marzo 2020

Copertina: Gianluca Cioni
In copertina: *La conversione di San Paolo*, vetrata colorata, © 123 RF, ID Immagine 6479098

ISBN 978-88-6250-792-9

Blogger e giornalisti possono richiedere una copia saggio
ad Alice Mazzoni: alice@thesis.it

Pandemia e trasformazione

di Giuseppe De Lucia Lumeno

Spe salvi facti sumus» – nella speranza siamo stati salvati, dice san Paolo ai Romani e anche a noi. La «redenzione», la salvezza, secondo la fede cristiana, non è un semplice dato di fatto. La redenzione ci è offerta nel senso che ci è stata donata la speranza, una speranza affidabile, in virtù della quale noi possiamo affrontare il nostro presente: il presente, anche un presente faticoso, può essere vissuto ed accettato se conduce verso una meta e se di questa meta noi possiamo essere sicuri, se questa meta è così grande da giustificare la fatica del cammino. Ora, si impone immediatamente la domanda: ma di che genere è mai questa speranza per poter giustificare l'affermazione secondo cui a partire da essa, e semplicemente perché essa c'è, noi siamo redenti? E di quale tipo di certezza si tratta?

Benedetto XVI, *Lettera Enciclica Spe salvi*

Diverse sono state nella storia dell'umanità le pandemie che hanno lasciato profonde tracce. Nulla di nuovo, dunque. Quella del 2019-2020 è soltanto l'ennesima e, come quelle che la hanno preceduta, sarà superata e archiviata in quanto tale. Di certo è la prima pandemia che si diffonde nell'era della globalizzazione e per di più in una globalizzazione già di per sé profondamente e incontestabilmente malata. Ecco perché, oggi più che in passato, il termine pandemia diventa sinonimo di trasformazione nel significato più profondo.

Per leggere il presente è necessario accordarsi sull'uso terminologico e distinguere la storia di una crisi dal concetto, ben più complesso, di trasformazione che ci fa passare da una società all'altra, come eravamo passati nel Diciottesimo secolo in Gran Bretagna, e a metà del Diciannovesimo secolo in Francia e in altri Paesi, da una società preindustriale a una società industriale.

Oggi siamo di fronte alla prospettiva di una trasformazione tanto importante che bisogna rielaborare le nostre ipotesi nella consapevolezza che, rispetto alla centralità del nodo della trasformazione, non siamo impreparati. Questo ci allontana, solo in apparenza, dalle questioni che appassionano la più parte degli osservatori e il pubblico: ne usciremo? In quanto tempo? A che prezzo? Nessuno può oggi dare risposte certe a queste questioni.

Quello che però può confortarci è che abbiamo già percorso una buona parte del cammino: il passato scompare se ce ne sapremo distaccare e, allora, sarà più facile scrutare i contorni del mondo che verrà. Il cambiamento, anche delle quotidiane abitudini di vita, dei gesti più semplici di socialità come salutari stringendosi la mano, è stato tanto improvviso quanto profondo ed è la manifestazione finale di come il nostro distacco da una società e, di conseguenza, da un modello economico in crisi sia già in uno stato molto avanzato.

Il tempo della gloria del neoliberismo è concluso: quest'ultimo non è più trionfante come lo è stato per un intero ciclo. Per chi, come noi, da oltre un decennio si è posto il tema della trasformazione in un'ottica di riconquista dell'essere e della persona, il percorso risulta meno impervio e meno traumatico. Possiamo definirlo un mutamento di coscienza, una nuova direzione, un nuovo stile di vita nel quale la speranza non rappresenta una attesa passiva ma un agire concreto e quotidiano, che può portare alla salvezza dell'umanità, oggi considerata a rischio.

Punto di partenza di questo mutamento è il riconoscimento di quello che è avvenuto e di come siamo arrivati fin qui. I neoliberisti che hanno dominato la scena economica e politica del ciclo che si sta chiudendo hanno voluto farci credere che le leggi dell'economia erano imposte e che non sarebbe stato possibile, né noi saremmo stati in grado, di intervenire sulla recente, come su ogni, congiuntura e ancora meno di liberarci di realtà "strutturali".

Sono proprio i difensori di questo determinismo economico i principali responsabili di una crisi che hanno in larga misura essi stessi generato e sviluppato dimenticando, in nome innanzitutto di interessi individuali, i bisogni delle persone, delle famiglie e delle aziende che devono lottare permanentemente e sempre con maggiore difficoltà per la propria e l'altrui sopravvivenza.

È quello che è accaduto nel momento in cui l'economia finanziaria si è separata dall'economia reale e questa ha rotto i suoi legami con la società da cui doveva essere indissociabile.

Oggi la pandemia non fa altro che rendere evidente tutto questo: i nodi che si sono stretti in quella cultura vengono drammaticamente al pettine. Sarebbe, dunque, inutile e pericoloso concentrare, come abbiamo fatto rispetto alla crisi del 2008, la nostra attenzione semplicemente sulle conseguenze della crisi e sulla maniera di uscirne.

Quello che stiamo vivendo in questo inizio del 2020 e quel che abbiamo vissuto a partire dal 2008 sono eventi che hanno indebolito prima la società nel suo insieme e oggi ne stanno mettendo in discussione la sua esistenza. È perciò urgente elaborare nuove categorie di analisi. Se prima poteva sembrare esagerato parlare di crisi di civiltà ora nessuno può nascondere questa realtà.

La crisi di civiltà è ben evidente nel nostro occidente e in particolare nella vecchia Europa. È ben evidente in questo lavoro di Giulio Sapelli che ne elenca e analizza, con la consueta raffinatezza intellettuale, cause ed effetti. Così la costruzione di una poliarchia che realizza la separazione degli interessi privati da quelli pubblici facendo prevalere i primi, la condizione di minorità intellettuale e regolatoria alla quale è stato ridotto il diritto pubblico, l'abolizione di ogni forma di diritto costituzionale adeguato a questa centralizzazione che è stata sostituita con i rapporti di forza esercitati attraverso la burocrazia europea che costituisce la nuova tecnocrazia dominante ne sono i tratti più evidenti e che vengono analizzati in prospettiva della trasformazione che la pandemia porta al suo estremo compimento.

Sono, insieme, causa ed effetto di una trasformazione – sulla quale gli intellettuali per anni si sono interrogati – che ha prodotto il blocco dell'ascensore sociale, l'aumento delle disuguaglianze frutto dello spostamento dal lavoro al capitale e, cosa ancora più grave, la fine di ogni comunicazione cognitiva tra le classi.

Queste osservazioni, evidentemente poco contestabili, sono state insufficientemente valorizzate e sommerse dal fragoroso silenzio e dall'impotenza delle vittime e dei loro rappresentanti politici. Ciò che ha colpito e forse più colpisce anche oggi è l'assenza di reazioni e l'indietreggiare di quelle vittime rispetto alla loro partecipazione non soltanto alla ricchezza ma soprattutto alla condivisione, alla formazione delle scelte che, al contrario, vengono subite passivamente.

Una volta presa consapevolezza – certo non da oggi – della crisi di civiltà, per entrare nel nuovo mondo, bisogna chiarire, per un verso, i fattori che la hanno determinata a cominciare, per tutti, dalla coscienza di appartenere allo stesso momento storico e, dall'altro, la volontà di ognuno di difendere la propria identità e, dunque, la propria differenza.

Questo tema è ben noto ai sociologi. A lungo essi si sono divisi in due fazioni in merito a questa questione. Da un lato quelli che credevano all'universalismo dei Lumi e dall'altro quelli che cercavano, al contrario, di far riconoscere la particolarità, la specificità di ogni gruppo umano rispetto agli altri.

Ora invece scopriamo – ma è ben tardi! – che il particolare e l'universale non sono opposti. Eravamo entrati in un mondo che ci caratterizzava per il fatto di essere tutti uguali ma differenti. È a partire dal momento in cui i cieli si sono svuotati e in cui le profezie delle politiche sono state tutte smentite che abbiamo preso coscienza di avere, noi stessi, creato immagini che ci permettevano di agire in un mondo in cui i diritti degli individui sarebbero stati riconosciuti come universali.

Così, nel momento stesso in cui alcuni pensavano di aver chiuso con lo sguardo umano, siamo entrati in questo mondo in cui l'azione si esercita su un ambiente che abbiamo noi stessi costruito. È all'interno di questo mondo, formato a partire dai nostri progetti, dai nostri conflitti e dai nostri negoziati, che si è affermata la percezione – ma solo la percezione – dell'universalità della nostra condizione di esseri umani dotati degli stessi diritti.

Questa creazione afferma i diritti di ognuno, universali in quanto indipendenti dal patrimonio, dal potere politico, dall'autorità religiosa o dalla condizione familiare. Il che non vuol dire che gli esseri umani sono divenuti di fatto tutti uguali, ma che essi riconoscono, meglio di prima, ciò che vi è in comune tra gli individui e in gruppi che esercitano funzioni e occupano livelli molto diversi nella vita sociale.

I potenti, i poveri e i *sans-papiers* vivono in mondi separati, ma sono "uguali secondo il diritto". In breve, lo spazio umano dove siamo, così, entrati traduce un'esigenza di eguaglianza che aumenta il diritto di vivere a tutte le categorie sociali del pianeta, cosa attestata dalla sensibilità da molti mostrata nei confronti delle lotte umanitarie che sono state condotte per combattere le ineguaglianze che colpiscono alla nascita e non cessano di estendersi nel corso di tutta la vita.

Combinare l'uguaglianza e la differenza non è stato un problema semplice da risolvere, ma è entrato al centro delle nostre credenze esercitando una grande influenza sulle nostre pratiche, e soprattutto sulle nostre pratiche sociali.

A un certo punto della storia del nostro Occidente sembrava fosse possibile. Gli scrittori e i giornalisti dei secoli passati avevano mostrato a tutti la miseria dei bambini, la brutalità dei loro datori di lavoro come quella dei loro padri.

Il miglioramento generale delle condizioni di vita ha contribuito a ridurre queste sofferenze, ma la sete di consumo ha portato i poveri a spingere molto al di sotto di loro i molto poveri, per distinguersi da questi ultimi. Se è diventato difficile, o anche impossibile, parlare di classi sociali, non è perché i rapporti sociali e professionali si siano ammorbiditi, ma in quanto le grandi categorie sociali si sono frammentate in gruppi più ridotti, comportando non solo una differenziazione tra loro, ma anche condotte opposte.

Così, poco più di mezzo secolo dopo il periodo della ricostruzione che ha seguito la fine della Seconda guerra mondiale, la crisi economica, l'aumento della disoccupazione, l'inadeguatezza dell'insegnamento generale e professionale hanno fatto apparire la vita sociale come un terreno bombardato dalla povertà e dall'impotenza, che si è diffusa nel cuore stesso di molti sistemi politici, a sinistra come a destra.

All'improvviso si è introdotto il tema della fine della società. I cambiamenti sono stati così rapidi che anche le categorie che sembravano meglio radicate, quelle che chiamavamo le professioni, e che non erano più solamente "liberali" (medici, professori, professioni giuridiche, quadri e anche quadri superiori delle aziende) si sentono in caduta libera, come il malcontento e le manifestazioni, degli anni scorsi, sempre più radicali degli insegnanti, del personale sanitario degli ospedali, e di numerosi lavoratori della funzione pubblica.

Bisogna ammettere che le costrizioni imposte dal potere, i costumi e le credenze si sono indeboliti o sono scomparsi, come anche bisogna accettare la giustezza di molteplici denunce presentate dai difensori del vecchio ordine, quando denunciano la violenza, le rotture familiari, le crisi psicologiche, l'aumento dei crimini e dei delitti, che vanno dall'"inciviltà" agli attacchi a mano armata e all'omicidio.

Il cedimento dei legami sociali ha dato l'impressione – ma non solo l'impressione – di essere stati travolti da un tornado non evitabile e così abbiamo assistito allo sviluppo rapido della cultura di massa che, si è detto, comporta la dissoluzione o l'indebolimento delle culture di ambienti particolari e soprattutto di culture nazionali, regionali o professionali.

La realtà è ben diversa: la maggioranza dei Paesi o delle regioni presenta una cultura nazionale molto specifica. La cultura di massa si sviluppa soprattutto dove queste culture particolari sono indebolite, per esempio nelle grandi metropoli. Non vi è nessun paradosso nell'affermare che lo sviluppo della cultura di massa va di pari passo con l'individualizzazione delle pratiche culturali.

Le culture socialmente definite diventano più deboli delle relazioni interpersonali, e delle grandi immagini portate dalle nuove tecnologie il cui carattere di massa accresce la possibilità di penetrare nel più profondo dell'esperienza e dell'immaginario collettivo. La cultura di massa ha avuto un impatto sempre più vasto, ma ha stabilito anche legami più stretti con l'esperienza personale, come mostrano gli utenti di Internet. Il che non impedisce naturalmente a questa cultura di massa di trascinare con sé "prodotti" di un livello molto basso, e che sono sempre più largamente diffusi.

Sapelli si domanda se il 2020 sarà "l'anno fatale", l'"anno della decelerazione della globalizzazione e della crisi evidente di un mondo che non riesce a riacquistare stabilità e a crescere economicamente. Forse la risposta è nella costatazione, finalmente non più oppugnabile, che l'unica globalizzazione che si è realizzata è stata quella finanziaria. Come dargli torto?

È dunque quanto mai necessario quell'atto di umiltà nel riconoscere che l'inarrestabile crescita della globalizzazione finanziaria e con essa della Cina subiranno una battuta d'arresto.

Forse più di una battuta d'arresto... Il "cigno nero" del coronavirus che si abbattuto su un corpo malato non potrà non avere effetti dirompenti. E se è vero, come è vero, che è la cultura in senso antropologico che determina l'economia e le relazioni economiche, non possiamo che condividere con Sapelli la speranza che dall'emergenza possa scaturire il vero, che dal pericolo possa nascere la salvezza perché la salvezza è sempre presente nella storia.

Certo, bisogna riconoscerla e prenderla per mano ricordando sempre che… "è nella speranza che siamo stati salvati".

2020
Pandemia e Resurrezione

Ritengo infatti che le sofferenze del tempo presente non siano paragonabili alla gloria futura che sarà rivelata in noi. L'ardente aspettativa della creazione, infatti, è protesa verso la rivelazione dei figli di Dio. La creazione infatti è stata sottoposta alla caducità – non per sua volontà, ma per volontà di colui che l'ha sottoposta – nella speranza che anche la stessa creazione sarà liberata dalla schiavitù della corruzione per entrare nella libertà della gloria dei figli di Dio. Sappiamo infatti che tutta insieme la creazione geme e soffre le doglie del parto fino ad oggi. Non solo, ma anche noi, che possediamo le primizie dello Spirito, gemiamo interiormente aspettando l'adozione a figli, la redenzione del nostro corpo. Nella speranza infatti siamo stati salvati. Ora, ciò che si spera, se è visto, non è più oggetto di speranza; infatti, ciò che uno già vede, come potrebbe sperarlo? Ma, se speriamo quello che non vediamo, lo attendiamo con perseveranza.

San Paolo, *Lettera ai romani* (capitolo 8).

Introduzione

1. Il tema del lavoro

La crisi attuale pone il problema del lavoro, unitamente al tema digitale, al centro della riproduzione della società in forma omeostatica con la difesa della salute e mai in forma separata: questa è la tendenza che prevarrà se vogliamo sopravvivere e che fa apparire l'incompetenza e i conflitti di interesse come residui manifesti di un mondo che muore.

Ma *les morts saisit les vives*: e questo è vero, oggi, in forma emblematica. Il nostro modo di costruire sino a oggi la poliarchia – senza una buona *governance* – con la separazione degli interessi privati da quelli pubblici e con la prevalenza dell'interesse particolare su quello generale deve trasformarsi, pena la distruzione della società, senza alternative. L'innovazione globalmente intesa, che deve estendersi dalla tecnologia alla morale, è la sola via di salvezza che abbiamo.

Capitalisme o *barbarie* diviene non più il lemma di Cornielius Castoriadis rispetto al rinnovamento del pensiero rivoluzionario, ma il salto teorico e pratico (*Hic Rodhus, hic salta*) necessario per la stessa riproduzione della società capitalistica.

Il capitalismo, se vuole sopravvivere, deve cambiar*si* per conservar*si*, rispetto al tema del lavoro, riconducendo la tecnologia al ruolo più corretto di supporto al lavoro umano, elemento base del valore per ogni organizzazione.

Emergerà, se ritroveremo la forza di piegarci sullo studio e sulla meditazione morale e filosofica metafisica, il concetto stesso di comunità, così come lo intendeva il pensiero sociologico tedesco tra fine Ottocento e inizio Novecento: *Gemeinschaft* nella *Gesellschaft:* perché la comunità può sempre ricostruirsi nella società, come ci insegnava anche quel grande economista che era Alfred Marshall.

E dovrà sorgere, di già sorge spontaneamente, dal lavoro umano associato una sorta di nuova territorialità con la scoperta che la delocalizzazione non è inevitabile.

Oggi, anche coloro che credevano fermamente nel mercato (e vi continuano a credere ancora) e nella virtù allocativa ottimale del mercato, scoprono che la delocalizzazione ha delle esternalità negative su molteplici aspetti della vita sociale: dal lavoro all'ambiente, alla qualità dei prodotti e dei processi di produzione e distribuzione.

2. Ripensare l'economia circolare

Senza questo ripensamento l'economia circolare come nuovo modello di produzione e non solo di riciclaggio dei rifiuti non ha possibilità alcuna di inverarsi, così come la lotta contro il cambiamento climatico.

In tal modo anche il cosiddetto "interesse nazionale" sarà riclassificato e troverà un saggio fondamento non aggressivo, ma invece costruttivo. E vi sono già emblematiche realizzazioni imprenditoriali creative a questo riguardo in tutto il mondo.

Ricostruire e costruire, per esempio, la manifattura nei territori tanto del Sud quanto del Nord del pianeta farà parte di un continuo lavoro di manutenzione e di riproduzione dei sistemi sociali territorialmente insediati nel mondo, sia in forma stabile, sia in forma migratoria e in cerca di un radicamento.

3. Una nuova forma di inter-statualità

Una nuova forma di inter-statualità costituzionale e non funzionalistica e giurisprudenzialista – come è, invece, l'Unione europea- non potrà non trovare un ambiente più consono di quanto oggi non stia per sorgere.

Il ruolo dello Stato non potrà non essere sempre più forte, superando ogni sua odierna demonizzazione. E ciò avverrà anche con la valorizzazione di quelle forme di allocazione dei diritti di proprietà più consone a questa trasformazione come il *not for profit* e i *commons*.

Il superamento della regolazione neoliberista dell'economia – che tracima nella deflazione permanente (secolare) – non potrà che essere abbandonata.

Il tema che nascerà sarà quello di una nuova definizione dei ruoli delle comunità poliarchiche tra stato e mercato, con la fuoriuscita del diritto pubblico dalla condizione di minorità intellettuale e regolatoria a cui è oggi confinato e che dovrà necessariamente essere abbandonata.

E con essa sarà abbandonato l'erompere delle "Autorità Indipendenti", (così come Alberto Predieri definì l'alba del tristo tempo in cui oggi viviamo) con l'affermarsi di pari passo con quella che è stata la lenta, sino a oggi inesorabile, eutanasia delle costituzioni dello "Stato di diritto" accompagnata dall'emergere dei "Trattati Interstatuali" gestiti da regolatori monocratici *extra lege* e velati, nascosti, da parlamenti inetti e solo spettacolari.

Tutto ciò dovrà essere fortunatamente abbandonato e sostituito da nuove forme di statualità e di giustizia sociale.

I limiti della democrazia liberale

Mai come in questi giorni vengono alla mente le parole di un capolavoro: quello di Ernst Wolfgang Böckenforde (*Diritto e secolarizzazione. Dallo stato moderno all'Europa unita*):

> Lo stato liberale secolarizzato vive di presupposti che non è in grado di garantire.

La parabola della democrazia liberale non poteva non evolversi secondo la traiettoria che ha scatenato la guerra civile mondiale del Novecento e che è oggi finita per decomporsi nelle sue forme statualizzate. La traiettoria della democrazia sociale doveva sviluppare e non abolire il liberalismo in una sintesi hegeliana che mai si è realizzata, sepolta dalle dittature capitalistiche di stato: sovietiche, maoiste e – oggi in Cina-post-maoiste, – per non parlare degli aborti storici cubano e venezuelano. L'impero europeo senza diritto e costituzione è una variante di questa disgregazione.

Il risultato è stato la rottura di ogni legame tra liberalismo e socialismo, anche nelle sue anticipazioni welfariste, sia bismarchiane sia laburiste quanto a origine storica.

Il capitalismo finanziarizzato ha trasformato tutti i presupposti della stessa forma politica costituzionale negli stati a codice napoleonico, sotto l'impulso della centralizzazione capitalistica, come è il caso dell'Unione europea. Essa, infatti, per realizzarsi ha abolito ogni forma di diritto costituzionale adeguato a codesta centralizzazione: né federale né confederale, ma funzionalistica, ha sostituito il diritto con i rapporti di forza esercitati attraverso la burocrazia europea.

Essa è una nuova tecnocrazia dominante (e qui il riferimento è alle interviste e agli articoli di Alessandro Mangia). Nelle civilizzazioni a *common law*, invece, la trasformazione provocata sia dalla finanziarizzazione, sia dalla centralizzazione istituzionale è avvenuta senza strutture tecnocratiche interstatali, attraverso la creazione delle coorti manageriali potenti di quello che ho definito l'*owner capitalism*, ossia un capitalismo che non è più manageriale e quindi controllato dagli azionisti, ma invece dalla suddetta coorte costituitasi in classe non più stipendiata, come un tempo dagli azionisti, ma padrona essa stessa del capitalismo, attraverso le *stock option* (poiché possiede le azioni degli azionisti che... dovrebbe rappresentare).

Mi direte: che cosa c'entra tutto questo con il coronavirus? È, invece, essenziale per comprendere che cosa sta accadendo nel capitalismo mondiale, ancora diviso in stati nazionali che sono di fatto sono solo ostacolo alla centralizzazione sia europea sia finanziaria appena evocata.

È successo ciò che soprattutto la cultura francese sta studiando da anni con punti di vista diversi e drammatici. Dalla distanza aristocratica di Amin Maalouf (*Les naufrages des civilistations*) all'intelligenza politologica di Jérôme-Sainte-Marie (*Bloc contre Bloc*) alla drammaticità statistica di Christophe Guilluy (*Le Crépuscule de la France d'en haut* e *La France périphérique*) sino a Pierre Vermeren (*La France qui déclasse*).

In Italia non vi è nulla di simile, se non gli eroici tentativi di Raffaele Alberto Ventura (*La guerra di tutti* e *Teoria della classe disagiata*) e il luminoso e antiveggente libro di Gabrio Casati *Luigini contro contadini* che ebbi l'onore di introdurre.

Potremmo aggiungere un pugno di testi che

provengono dal mondo anglosassone e che sorgono tutti dalla via aperta da Thomas Frank con i suoi saggi sugli orientamenti di voto "di rovesciamento della rappresentanza" tra poveri e ricchi e destra e sinistra classicamente intese.

Cosa dimostrano queste ricerche?

Da tutto questo rovello intellettuale si evince che l'ascensore sociale non solo si è bloccato, ma che questa fine della mobilitazione verso l'alto delle classi subalterne ha provocato sì l'aumento delle disuguaglianze e lo spostamento del reddito dal lavoro a capitale in forma prima mai vista su scala planetaria, ma anche la fine di ogni comunicazione cognitiva tra le classi alte e le classi ultime e penultime della società.

Se si considera che tra le grandi trasformazioni di quest'ultimo trentennio le più rilevati sono la diminuzione della dimensione media delle imprese, la grande trasformazione del lavoro collettivo di fabbrica e di ufficio in lavoro individuale e di piccoli gruppi e quindi l'enorme discrasia tra poche imprese grandi e miriadi di imprese artigiane e famigliari la cui ontologia economica e sociale è ancora pressoché sconosciuta, ben si comprende come le classi alte che siedono al governo politico o a quello funzionale per via tecnocratica nulla sanno e vogliono sapere di codesto universo economico sociale umano. Non possono quindi essere in grado di intraprendere qualsivoglia cura economica sociale per via governativa.

Le classi politiche che si trovano alla cuspide delle macchine governative deliberanti-amministrative – nazionalmente intese, oppure intra-nazionali o internazionali secondo le divisioni funzionali tra organizzazioni universalistiche post-wilsoniane come l'ONU o la FAO, oppure economiche post-Bretton Wood come il Fondo Monetario Internazionale, la Banca mondiale ecc., senza contare le già richiamate istituzioni funzionali tipo BCE e le altre tecnocrazie europee figlie di trattati internazionali – nulla conoscono di ciò che accade e fonda la vita di queste nuove organizzazioni sociali ancora non studiate e che dovrebbe essere le destinatarie delle isole di emergenze per fuoriuscire dalle crisi, epidemiche e/o sociali.

In gran parte delle nazioni le classi politiche non circolano più secondo le forme illustrateci dai classici Gaetano Mosca e Vilfredo Pareto, ma in base ai movimenti peristaltici delle pressioni economiche e culturali che si esercitano su piccoli e piccolissimi gruppi di cacicchi imprenditorial-politici spesso "l'un contro l'altro armato" anche se sottoposti alle prove elettorali sotto l'usbergo dello stesso simbolo di lista.

Questo è il tarlo che disgrega sia la democrazia sia il liberalismo secondo la profezia di Ernst-Wolfgang Böckenförde.

Ed è evidente, quindi, che quella peristalticità è tanto più dannosa quanto più le forme economiche e sociali attraverso cui si svolge la vita degli insediamenti umani interagiscono sempre più sul piano internazionale, come è reso evidente dalla diffusione epidemica. Ma, al contempo, è sempre sul piano della competizione internazionale tra nazioni, quale sia la forma di cooperazione che si sia instaurata (dall'Unione Europea sino all'ONU) che si dipana la vita e la competizione economica, che è sì tra imprese ma anche e sempre tra nazioni nel gioco di potenza mondiale.

È in codesto gioco di potenza che si sviluppa la vita sociale ed economica. Le nazioni, lo si ricordi, sono rimaste statalmente attive nel mondo ben più di quanto non reciti la retorica globalistica di ogni genere o forma. E quindi tanto più le nazioni sono deboli nella competizione economica, militare, culturale che dir si voglia, tanto più le loro forze possono essere danneggiate da quelle che è sempre una competizione tanto di imprese quanto di stati che muovono a sostegno degli interessi economici nazionali.

Ultima interessante conferma di ciò che affermo è nel pioneristico lavoro di Richard Davies intitolato *Extreme Economies: Survival, Failure, Future – Lessons from the World's Limits*.

L'esperienza italiana di oggi è una impressionante conferma di queste tesi. Tutto confluisce, infatti, nella incapacità di reazione delle classi politiche dinanzi agli eventi che richiedono decisioni rapide e coese e, al contempo, realistiche, ossia fondate su una conoscenza dell'universo economico e sociale nei confronti del quale si vuole agire. Nel caso contingente per alleviare le conseguenze di un cigno nero come è una epidemia virale.

Questo è necessario perché le conseguenze della competizione prima evocata non si fermano neppure dinanzi alle epidemie. E le conseguenze saranno tanto più gravose quanto più deboli sul piano del reddito, dello status, della vita morale e non solo fisica si troveranno gli insediamenti umani e quindi le agglomerazioni di imprese, di ceti, di classi, di comunità: tutte le forme, insomma, della vita sociale. Il tutto mentre la spesso ideologicamente negata competizione tra nazioni si svolge con estrema crudeltà non fermandosi neppure dinanzi alla malattia, anzi sfruttando e amplificando le debolezze.

Una prova di ciò? Rileggete le gazzette moderne e post-moderne e scoprirete che pare sia stata la Germania la fonte di un focolaio da coronavirus molto pericoloso. Eppure, nulla è stato detto per giorni. L'Italia, invece, si configura nel *landscape* simbolico mondiale come l'untore del mondo terracqueo. E che dire, allora, della Cina? Cosa sappiamo di ciò che veramente accade ed è accaduto nell'Impero di Mezzo? Nulla.

2020 anno fatale?

Il 2020 sarà ricordato come l'anno della decelerazione della globalizzazione e della crisi evidente di un mondo che non riesce a riacquistare stabilità e a crescere economicamente per assenza di leadership.

Decelerazione, però, e non improvvisa rottura delle interconnessioni della economia internazionale. Decelerazione perché sono più di trent'anni che il WTO non riesce a raggiungere un accordo multilaterale di commercio.

Le conferenze di Seattle del 1999 e di Cancun del 2003 si conclusero senza accordo alcuno. Il 2003 è stato l'anno decisivo e il fallimento di quell'anno disvelò i limiti strutturali della globalizzazione dell'economia reale: l'accordo non si realizzò perché le 22 nazioni del "Sud del mondo" si opposero ai sussidi all'agricoltura distribuiti dagli USA e dall'UE ai loro contadini e solo nel 2004, nei colloqui di Ginevra, le nazioni del "Nord del mondo", quello "industrializzato", si impegnarono a diminuire i sussidi agli agricoltori, mentre, come controparte, i paesi in via di sviluppo si impegnarono a diminuire le barriere tariffarie ai beni manifatturieri dei paesi industrializzati.

Ben si evince dalla storia che l'unica globalizzazione che si è realizzata nel pianeta è stata quella finanziaria: la moneta simbolica creata dalle banche centrali e quella digitale originata dalle banche universali sulle scommesse dei derivati è l'unica merce che si sposta in tutto il mondo senza barriere e a costi di transazione tendenti allo zero.

È questa discrasia tra super-globalizzazione finanziaria e semi-globalizzazione manifatturiera che crea le crisi mondiali e si somma con la deflazione secolare indotta dalla politica economica europea fondata sul liberismo a bassa intensità di investimenti pubblici e alta restrizione dei mercati interni e del profitto capitalistico colpiti dalla deflazione. La Cina ha aggiunto a questo scenario una asimmetria imprevista e che pareva sino a oggi inarrestabile con la sua entrata nel WTO.

Il coronavirus, se guardiamo a questo pericolo terribile per la salute umana in questo inusitato contesto, può contenere in sé una virtù e questa virtù è quella dell'umiltà: l'umiltà di riconoscere che la crescita inarrestabile della globalizzazione finanziaria e della Cina – che a essa è intimamente legata – possono entrambe subire una battuta d'arresto.

In questi ultimi vent'anni abbiamo letto troppo il *Manifesto* di Marx ed Engels che magnificava le sorti progressive della borghesia capitalistica e dimenticato il grande Giambattista Vico con la sua teoria dei cicli storici.

La Cina nel Quattrocento giunse con la sua immensa armata sino in Africa, come ci ha dimostrato François-Xavier Fauvelle nel suo capolavoro archeologico sull'Africa medioevale. Vi giunse grazie alle spedizioni dell'ammiraglio Zheng He, eunuco imperiale della dinastia Ming, tra il 1435 e il 1443. La ritirata della Cina dall'Africa è ancor oggi un mistero storiografico che ha appassionato grandi studiosi della società e della storia come Joseph Needham, Marcel Granet, Karl August Wittfogel senza risultato alcuno. Il perché ciò avvenne rimane un enigma.

Ma allora come oggi le conseguenze geopolitiche saranno spettacolari, se questa epidemia che affligge la Cina non si fermerà. Sarà allora inevitabile una accelerazione del riflusso della globalizzazione finanziaria e un consolidamento del commercio manifatturiero con le attuali regole bilaterali come si sta facendo da più di trent'anni.

L'accordo degli Stati Uniti con il Mercosur e quello ben diverso con il Canada – da questo punto di vista – sono stati molto importanti, ma anche molto discussi e non a caso debbono ancora trovare la loro piena applicazione in Europa. Non si è ancora giunti ad accordi globali con la Cina e il resto del mondo secondo il dettato ispiratore del WTO, ancora oggi messo in scacco sia dalla politica degli USA degli ultimi venti anni sia dalla competizione mondiale tra Francia e USA.

Francia e USA sono entrambe potenze tanto industriali quanto manifatturiere e quindi sono divise al loro interno, prima che verso l'esterno, tra fronti protezionisti (agricoltori) e libero scambisti (industriali), impedendo così in tal modo per ragioni di politica interna ogni accordo sovranazionale.

Il rinvio della "Settimana dell'agricoltura", fiera che ogni anno si svolge a Parigi, è un evento terribile e che fa ben prevedere con scarse possibilità di errori che il settore più colpito dal coronavirus sarà quello agricolo. E per ragioni non solo economiche ma in primis culturali.

I prodotti agricoli da cui deriva il cibo sono non solo alimenti, ma in quanto tali sono anche costrutti simbolici che decidono i nostri stili di vita. Non occorre far riferimento alle caste indiane per ricordare in che forte misura ciò con cui e come ci alimentiamo contrassegni i nostri tabù così come le nostre abitudini e come delimiti le nostre relazioni sociali.

I simboli determinano la vita sociale, così come le regole economiche. Anzi, io sostengo da sempre che sono le regole culturali, è la cultura in senso antropologico, che determina l'economia e le relazioni economiche. Per questo credo che questa crisi degli universi culturali che il coronavirus sta provocando non potrà non avere effetti anche sulle regole economiche europee.

E questo accadrà perché esse sono fondate – a parer mio – più su impostazioni dogmatiche al confine con la magia come il divieto di far debito, la convinzione che indebitarsi sia una colpa, che non si debbano fare investimenti pubblici, che gli Stati siano costrutti sociali simili alle famiglie e alle imprese, le quali se fanno debiti non possono far altro che estinguersi a differenza però delle nazioni, come ci dimostra una storiografia imponente. Ma se si manterranno i nervi saldi e non si cadrà ancor di più nel dominio dei maghi e degli esorcisti quelle regole non potranno che cambiare. Per volontà politica, ossia per ragioni culturali, certo dettate dall'emergenza.

Dall'emergenza può scaturire il vero, dal pericolo può nascere la salvezza, come diceva Friedrich Hölderlin. Si dice sulle gazzette del mondo intero, infatti, che a poco a poco anche le cuspidi della politica europea e nazionale inizino a interrogarsi su tali politiche economiche. Insomma, la salvezza è sempre presente nella storia: basta riconoscerla e prenderla per mano.

Il crack delle borse mondiali e i modelli di risposta alla crisi

Il crack delle borse mondiali è stato generato dalla lotta geopolitica in corso tra le grandi potenze energetiche che ha fatto crollare il prezzo del petrolio fissato secondo criteri speculativi e non legati alle quantità fisiche prodotte e scambiate. La spregiudicata manovra dei sauditi mira a non limitare le quantità prodotte di petrolio per indebolire la Russia e strangolare con i bassi prezzi le produzioni da perforazione orizzontale e in scisti bituminosi degli USA.

E poi vi è il nuovo cigno nero del coronavirus che si è abbattuto come un maglio sulle catene produttive e commerciali mondiali generando insicurezza e blocchi delle interconnessioni. In questo contesto le misure governative assunte dall'Italia sono in alcuni punti sconcertanti perché non considerano il fatto che si deve certo difendere la salute dei cittadini e combattere l'epidemia ma, al contempo, salvaguardare la parte essenziale dell'apparato produttivo senza di cui neppure le risorse per battere l'epidemia possono riprodursi.

Il messaggio di "stare a casa" è una rinuncia ad utilizzare in primo luogo tutte le possibilità e potenzialità tecnologiche che abbiamo per vincere il virus senza interrompere la macchina produttiva, distributiva e riproduttiva della società.

Dopo aver riconosciuto tardi la gravità dell'epidemia e aver agito seguendo e non prevenendo la malattia, si è fatto ricorso a uno slogan veramente offensivo per coloro che lavorano e che conoscono che cosa sia l'Italia e su che cosa si fonda il suo patrimonio produttivo e culturale. Esso si fonda sull'attività interconnessa socialmente di milioni e milioni di persone che vivono ancora gran parte del loro tempo di vita nei luoghi di lavoro.

Altro che "stare a casa". Si deve e si doveva comunicare e agire in ben altro modo. L'esempio della Corea del Sud e di Taiwan, profondamente colpite dal coronavirus cinese, è prezioso a questo riguardo. Le persone contagiate sono state sottoposte a una quarantena in strutture ospedaliere e tutte le persone che hanno avuto contatti con i positivi al test sono state sottoposte a controlli accurati utilizzando la tracciabilità delle interconnessioni telefoniche wireless e con modelli algoritmici di previsione.

Il controllo delle frontiere non è stato considerato un livello adeguato di sicurezza, mentre grande attenzione è stata riservata alle linee guida per le scuole, le università e i luoghi di lavoro.

Sulla base dell'esperienza maturata negli anni passati con la SARS e l'influenza aviaria, si è lavorato su un sistema integrato per l'analisi di *big data* combinando i dati del database dell'immigrazione e dogana con l'archivio nazionale del sistema sanitario.

L'identificazione dei singoli casi è avvenuta in tempo reale, comparando i sintomi clinici con la raccolta dati dei viaggi del paziente e dei suoi familiari. Il governo taiwanese ha anche adottato la scansione del codice Quick Response (QR) combinandolo con lo storico dei viaggi del paziente nelle ultime due settimane e i sintomi per classificare i rischi infettivi dei viaggiatori.

Quindi un doppio sistema che da un lato ha favorito l'identificazione delle casistiche di viaggio a rischio, ma ha anche contribuito a sviluppare in brevissimo tempo un database specifico per l'analisi del coronavirus.

Tutte queste decisioni sono state prese dal National Health Command Center (NHCC) che ha deciso in piena autonomia le misure da adottare disponendo di fondi governativi, personale militare e civile operando a livello nazionale sia a livello sanitario sia dell'ordine pubblico.

Così, squadre di funzionari ben addestrate ed esperte hanno rapidamente riconosciuto la crisi e attivato strutture di gestione delle emergenze per affrontare l'epidemia. Attraverso il riconoscimento precoce della crisi, i *briefing* quotidiani per il pubblico e i semplici messaggi sulla salute, il governo è stato in grado di rassicurare il pubblico fornendo informazioni tempestive, accurate e trasparenti sull'epidemia in evoluzione.

E questo è stato fatto con una visione di ingegneria sociale, unendo sociologia, tecnologia, sapere antropologico e naturalmente sapere medico, che tuttavia non è l'esclusivo punto di riferimento.

Occorre un contesto di analisi in cui la variabile virologica ed epidemiologica è l'ascissa fondamentale scientifico-naturale sulla quale si fanno scorrere le conoscenze sociali secondo una sapienza politica fondata sulla conoscenza del tessuto sociale.

Questa conoscenza manca alla classe politica al governo nel nostro Paese. In Italia non vi è nessuna comunicazione conoscitiva tra chi governa e chi è governato se il governato è un lavoratore dipendente di ogni ordine e grado e di ogni contesto produttivo e non produttivo, un artigiano, un piccolo commerciante, una partita IVA.

La nuova classe politica globalista ed eurofila senza criticità non riconosce più la società in cui vive. E questa società – vivaddio – non è la società della movida e delle famiglie che lasciano i figli uscire alle 23 ogni notte e i cui componenti possono vivere a casa senza far nulla.

La società italiana è società di migliaia di piccoli e medi comuni e di una miriade di piccole e piccolissime attività produttive che non possono lavorare in smart working ma che debbono continuare a lavorare in fabbrica e negli uffici continuamente sanificati. E debbono uscire di casa per lavorare e vivere.

Perché vediamo igienizzare strade e metropolitane in tutto il mondo asiatico? Ma perché in quella società antropologicamente comanda non solo l'obbedienza confuciana ma anche il lavoro di milioni e milioni di persone. L'Italia deve fare altrettanto e lo slogan non può essere "state a casa" ma invece "lavorate e vivete in prudenza e sicurezza".

Come? Con la tracciabilità delle merci e non solo delle persone, con l'isolamento delle persone malate, certamente, ma anche sostenendo finanziariamente la creazione di posizioni lavorative di salvaguardia e non distruggendo le comunità di lavoro. È un messaggio potente che non può essere neppure concepito da chi ha come riferimento ideologico-comportamentale le movide e la stratificazione sociale di coloro che non lavorano e non studiano.

Solo cambiando slogan e disposizioni si possono meglio difendere gli anziani proteggendoli senza isolarli, impedendo che su di loro e su di loro soltanto continui a gravare il lavoro di cura della riproduzione sociale attraverso la famiglia, ossia accudendo i nipotini che non vanno a scuola dove potrebbero meglio essere protetti se educati all'ordine morale e non al comportamento brado che già li prepara alla movida. Ma per far questo bisognerebbe avere un immaginario sociale non da percettori di rendite improduttive.

L'Italia che lavora, invece, esiste e deve iniziar a essere riconosciuta per quello che è: l'ultima nostra speranza. Ma la speranza vive di consapevolezza. Della consapevolezza che le risposte alla crisi sistemica sono state e sono differenziate secondo spaccature nazionali e non "globali", né su scala planetaria "onusiana", né su scala europea "federale" e che gli unici *cleavages* globali sono stati di tipo sociale e hanno scolpito nella storia del presente, come diceva Paul Sweezy, le differenze sociali di classe e di ceto.

Differenze sociali e di ceto tra le classi e i ceti "di sopra" unificati dalla centralizzazione finanziaria sovranazionale e dall'indifferenza sociale verso le sofferenze delle classi di sotto che – come dimostra l'attuale crisi sistemica – consentono la riproduzione dell'intera società e quindi anche delle classi di sopra... sino a quando le prime non ritroveranno le forme e i modi di auto riconoscersi e di ribellarsi.

Seguendo lo storico tedesco Otto Hintze, mai come in questi tempi lo stato riemerge come unità di popolo che si riconosce in una comunità di destino. E laddove questa comunità di destino esiste, il punto di attacco e di superamento possibile della crisi sistemica sanitaria diviene in primo luogo il riconoscimento del pericolo che essa fa correre all'integrità dello Stato e quindi da ciò discende nella *praxi* il principio regolatore sistemico delle politiche anticrisi come conservazione della potenza della nazione: si curano i malati dando per scontato la perdita di vite umane.

Le dichiarazioni di Angela Merkel sul contagio inevitabile di circa il 70% della popolazione sono espressione della consapevolezza che ciò che *in primis* va difeso è lo Stato come persona giuridica che sopravvive alla società in quanto forma della potenza, che non è solo militare ma altresì costituzionale.

Boris Johnson ha parlato invece all'"Impero" per preparare le famiglie all'inevitabile perdita di vite umane a cui ogni comunità, fonte della tradizione, secondo l'attualissimo pensiero di Edmund Burke, deve prepararsi.

Questo non vuol dire che non si curino gli ammalati, ma che essi non sono la prima preoccupazione politica del governo, governo che impersonifica – prima che se stesso come forma politica – lo Stato come prodotto della consuetudine, in un regno come quello britannico che altro non è che un insieme di nazioni a esso precedenti.

Il modello italiano si distacca da questi stili di governo dell'emergenza in forma radicale e punta invece alla conservazione dell'*ethos* comunitario e cattolico (non a caso le nazioni prima citate sono in ogni caso eredi eticamente della Riforma). Si difendono, in Italia, *in primis* le vite umane, anteponendo il principio morale a quello della ragion di Stato.

La contrapposizione fondamentale tra giusnaturalismo e positivismo giuridico dipende proprio da una radicale divergenza su quale sia il modo corretto di ricostruire la relazione tra diritto e morale. Non posso non ricordare con sempre maggior rimpianto, in queste ore drammatiche per la nazione e l'umanità, la mancanza delle conversazioni di Buenos Aires con un grande amico filosofo del diritto qual era Carlos Santiago Nino.

Egli aveva piena contezza di quanto difficile fosse, negli anni Ottanta e Novanta del Novecento, condurre in Italia una riflessione pacata e colta sui rapporti tra morale e diritto superando il pregiudizio kelseniano e giuspositivista, di cui, sempre nel nostro Paese, Norberto Bobbio era l'alfiere, così da nuovamente dialettizzare, invece, con libertà il vincolo concettuale tra diritto e morale e riattualizzando in tal modo la sempiterna vecchia controversia tra giusnaturalisti e giuspositivisti, controversia che negli anni Novanta in Italia ci pareva necessario ripensare con distacco.

Questa sottolineatura ci dovrebbe far meditare sulle molte superficialità che incontriamo nel nostro percorso di riflessione sulla cosiddetta secolarizzazione: i battesimi e i matrimoni religiosi diminuiscono, certo, ma le culture si diffondono ancora anch'esse epidemiologicamente, secondo l'imperituro insegnamento di Franz Boas, con una persistenza secolare, mutando veste e *landscape* ideologico, ma sempre permeando nei secoli lo spirito dei popoli.

Per ciò che concerne l'Italia, inoltre, mai occorre dimenticare ciò che diceva il grande psicanalista junghiano Ernst Bernhard:

> È impossibile curare gli italiani. Essi sono dominati dal principio della 'Grande Madre' che li pervade.

Non ha caso Bernhard rifletté tutta la vita sul rapporti tra ebraismo e cristianesimo, intesi come correnti profonde e strettamente intrecciate della struttura psicologica dell'uomo contemporaneo. E non a caso Bernhard ritorna al concetto di entelechia, principio metafisico posto come motore primario della vita e della coscienza: quella forza psichica e morale che si manifesta nella coscienza, facendo apparire l'interna "necessità" a cui è soggetta ogni parte, come "volontà" e quindi la stessa vita altro non è che un percorso di individuazione che viene prima e oltre lo Stato, superando ogni costruzione hegeliana: non è lo Spirito assoluto che ci domina, quanto, invece, quello di individuazione entelechiale, che altro non è che principio archetipale e comunitario, quindi, per eccellenza.

Lo "spirito di potenza", tipico dei modelli prima evocati, britannico e tedesco, da questo percorso è escluso storicamente, antropologicamente. È questa base filosofica che induce Bernhard a trasformare la psicologia analitica di Jung in "psicologia del processo di individuazione": la via dell'individuazione è infatti l'esplorazione, da parte dell'individuo, di un percorso di conoscenza che

> può significare soltanto la conoscenza del posto e del compito che la 'parte' [soggettivamente, l'individuo] ha nell'organismo dell'Uno.

È utile ricordare che il modello francese altro non è che una mediazione culturale tra i modelli o gli stili italico e britannico-tedesco: è tipico di una nazione imperiale di altissima cultura nazionale che non ha tuttavia più i mezzi economici per essere imperiale, mentre le hanno, invece, le classi dirigenti e di qui la sua crisi, specifica, unica, irripetibile.

Nulla più del modello cinese può essere più distante sia dal modello "italiano", sia da quello "britannico-tedesco", radicato nella stessa storia europea, soprattutto confermatosi dopo il periodo napoleonico e, come ci ha raccontato Henry Kissinger, confermatosi durante il Congresso di Vienna.

La disinformazione sanitaria dell'imperialismo cinese

Ed eccoci al modello cinese. Esso è proteso nello sforzo propagandistico, come dimostra l'arrivo in Italia di una missione sanitaria che ha di mira il consolidamento della penetrazione economica e culturale cinese in Italia. Una penetrazione già molto profonda come dimostra il lavoro della diplomazia cinese nel settore delle industrie strategiche delle telecomunicazioni e nei nostri stessi servizi segreti, come si è reso noto anche in sede parlamentare con grande trasparenza.

Ed è attraverso il filtro dell'ascesa cinese nella potenza geopolitica che possiamo leggere altresì il ruolo degli USA anche rispetto alla pandemia.

Tutto ha inizio, di fatto, con la nuova era del potere imperiale cinese impersonificato dall'ascesa dell'attuale segretario generale del PCC. Xi Jinping è segretario generale del Partito Comunista Cinese dal 15 novembre 2012 e presidente della Repubblica popolare cinese dal 14 marzo 2013.

Il nuovo capo della Cina rappresenta la mediazione tra i quadri della gioventù comunista guidati da Hu Jintao e i quadri "tecnocratico-familistici" guidati da Jiang Zemin. Familistici perché tutti eredi dei leader storici del partito e tecnocratici prescelti da Deng Xiaoping nel periodo post rivoluzione culturale per guidare il partito nella modernizzazione capitalistica.

Xi Jinping è uno di questi "principini", ossia figli della nomenclatura maoista formatisi all'estero e poi ritornati in patria per occupare prestigiosi posti di potere. I militari sono per questa ragione l'ago della bilancia e possono esserlo tanto più oggi e nel decennio che verrà, perché Xi Jinping non ha una leadership personale forte e indiscussa, ma è condizionato dalle due fazioni in lotta. Tutto questo riflette e insieme rafforza la trasformazione della Cina da potenza di terra in potenza marittima.

E questa trasformazione apre un conflitto irrimediabile con gli USA per il controllo dello spazio vitale asiatico, elevando lo scontro in primo luogo con il Giappone e il Vietnam e la Corea del Sud.

Non a caso, il modello di difesa dalla pandemia sud-coreano e vietnamita (che è quello di fatto vincente, come spiegherò dopo), non è altro che un "modello britannico -tedesco unito al modello italiano". Ciò deriva dal fatto che la minorità demografica di queste nazioni secolari impone di difendere gli strumenti economici della potenza in guisa consustanziale con gli strumenti e l'ingegneria sociale idonea alla difesa del potere demografico: salute ed economia non possono che essere unite. Nessuno deve morire, pochi debbono ammalarsi, pena la diminuzione dell'equilibrio di resistenza al nemico secolare: la Cina imperiale.

Una Cina, in aggiunta, colpita da alcuni anni dalle grandi contraddizioni che iniziano a caratterizzarne l'economia, surriscaldata da un'eccezionale crescita nei beni strumentali ma da un debole rafforzamento, di contro, del mercato interno e naturalmente da una sempre crescente scarsità di fonti energetiche.

Per questo si riprende la tradizione, interrottasi nel 1436, quando gli imperatori Ming proibirono la costruzione di navi e distrussero tutta l'immensa flotta cinese. I dati che possediamo per il periodo dal 1404 al 1407 dicono che in soli quattro anni si costruirono ben 1681 navi, con cui si raggiunsero l'Indonesia e le coste orientali dell'Africa. Perché la Cina si sia richiusa poi in sé stessa è un mistero. Da allora è una potenza terrestre, a lentissima crescita e spesso invasa da eserciti stranieri, sino alla rivoluzione maoista. La Cina è ora impegnata a divenire una potenza marittima. Ciò apre nuovi scenari mondiali.

La posta in gioco è certamente il dominio marittimo asiatico. Ma il confronto è destinato ad allargarsi. Non è mai esistita una potenza marittima di così grande impatto demografico. Questo è il vero nuovo problema dell'ordine mondiale. Dinanzi a tutto ciò l'Europa è assente come potenza politica e marittima, soffocata dai suoi conflitti di potenza che gli osservatori per lo più incolti scambiano per stucchevoli e disastrosi litigi.

Eppure, proprio le potenze continentali europee dovrebbero guardare a ciò che emerge in Asia, se non si vuole essere sommersi dall'imperialismo cinese. Ma per far ciò occorre un pensiero strategico globale. E la condizione culturale con cui si è risposto e si sta rispondendo in Europa alla pandemia dimostra che l'Europa come potenza culturale non esiste. E senza cultura i popoli sono disarmati perché è l'assenza di cultura che disarma, non la mancanza di armi.

Invece è successo, dinanzi alla pandemia, come dinanzi alla crisi economica e all'ascesa minacciosa dell'imperialismo cinese, tutto il contrario di ciò che avrebbe dovuto accadere se le potenze continentali europee e gli USA avessero posseduto un orientamento strategico realistico e fondato sul cosiddetto "interesse prevalente" geopolitico, anziché un orientamento determinato dal potere di condizionamento dell'alta finanza internazionale globalizzata e de-nazionalizzata.

Il ruolo della Cina è, infatti, solo in parte dovuto a ragioni demografico-geopolitiche: certamente essa possiede in misura rilevante i giacimenti dei cosiddetti "elementi strategici" pesanti. Ma la ragione vera del suo possibile monopolio economico relativo risiede nella dismissione della ricerca avvenuta *in primis* in Occidente.

Per questo le mosse aggressive della Cina, soprattutto in Africa, dove il suo ruolo di imperialismo da debito inizia a divenire preclaro, come nel Sud est asiatico e in India, può rivelarsi un grave passo falso. Così come lo sono le minacce di embargo degli "elementi strategici" scagliate contro l'Occidente in occasione delle ricorrenti "guerre valutarie "in corso e che gli anch'essi ricorrenti G20 cercano invano di porre sotto controllo.

Un fatto, questo, che può far perdere alla Cina quei formidabili alleati che essa possiede in tutto l'Occidente: circoli intellettuali, grandi banche d'investimento e circoli finanziari in generale, che diffondono l'idea – anche in buona fede, in alcuni casi – della non aggressività della Cina.

Non si comprende su quali basi storiche si sia potuta creare una simile corrente ideale, se non grazie alla disinformazione diffusa tanto dall'incompetenza quanto dall'arte della propaganda della raffinatissima burocrazia del Partito Comunista Cinese. Chissà se la questione degli "elementi strategici" ci porrà finalmente dinanzi alla consapevolezza che la Cina non è un paese capitalista come quelli occidentali, ma un regime a capitalismo monopolistico di Stato controllato da una burocrazia dittatoriale protesa al dominio mondiale?

Protesa con ogni mezzo, anche quello militare. E protesa oggi per mezzo della propaganda sanitaria, che certamente può essere benefica per la salute, ma può altresì aprire una strada, in una nazione debole e priva di classi dirigenti come quella italiana, assai pericolosa per la vita stessa della nazione italica. Pericolosa perché le fonti del neo-imperialismo cinese risiedono nella struttura stessa del potere così come si è configurato in forma compiuta con l'avvento al culmine del partito-Stato di Xi Jinping.

Per comprendere bene questo storico passaggio della storia mondiale occorre iniziare con lo studiare le tesi su cui si fonda il pensiero del "nuovo imperatore" cinese, in cui più che gli slogan di Mao si riconoscono quelli di Liu Shaoqi: ricerca della legittimazione sociale della "burocrazia rossa" e stretto controllo dei quadri del partito, accompagnata dallo sviluppo, verso l'esterno, di un potere veramente globale.

Il XIX Congresso del Partito comunista cinese dell'autunno 2017 è stato un evento che segnerà, più di ogni altra assise, la sorte dei rapporti di forza a livello internazionale. È definitivamente terminato quel lunghissimo periodo storico, iniziato a metà del Quattrocento, in cui il già citato Zheng He, grande navigatore cinese di origini musulmane, venne richiamato in patria da un imperatore in decadenza e distrusse le sue navi: fu elevata in tal modo quella barriera invalicabile tra la Cina e il resto del mondo che durò sino alle ottocentesche Guerre dell'oppio.

L'Impero di Mezzo circondato dai barbari dominò per secoli i poteri situazionali, di fatto rinchiusi nelle sue immense terre. I grandi della sinologia internazionale, da Needham a Granet, si arrovellarono per decenni nel definire quale fosse la causa scatenante di quella ritirata dal mondo dei barbari, ritirata avvenuta quando la Cina disponeva di una potenza immensa.

Nessuno dei sinologi del Novecento è mai riuscito a ricostruire cosa sia veramente accaduto. Resta poco chiaro, infatti, perché la Cina, che dal 1405 al 1433 effettuò grandi spedizioni navali verso l'Oceano Indiano, l'Africa orientale e il Golfo Persico, decise poi una svolta strategica radicale.

Da superpotenza navale con l'ammiraglio Zheng He, si ritirò nello spazio terrestre. La potenza navale non era più considerata una priorità: spostata la capitale da Nanchino a Pechino, la difesa della Cina si giocava ormai sulla dimensione continentale, scelta confermata dalla dinastia Qing fino al XVIII secolo.

Lo ripeto ancora una volta per sottolineare un punto che mi sembra importante: la grande scelta interna e quella esterna sono sempre state collegate.

Xi Jinping è, lo ribadisco, la risoluzione di un enigma. Con lui la Cina ritorna a essere ciò che era alle sue origini imperiali: una grande potenza protesa al dominio del mondo. E per far questo dà ragione a chi sostiene la tesi del controllo interno come fonte di espansione all'estero: il vecchio Wittfogel teorico del "modo di produzione asiatico".

Tale paradigma si fonda sullo stretto dominio imperiale dei potentati che controllavano le acque e, in tal modo, l'Impero: per arrivare a questo risultato era assolutamente necessario il controllo interno delle fonti di potere.

Mao aveva tentato di raggiungere quel controllo, ma con costi sociali immensi. La rivoluzione culturale altro non fu che un modo per annichilire le fazioni avversarie di un partito che sin dall'inizio aveva dovuto confrontarsi, a partire dalla sconfitta della rivolta e dagli scioperi di Shanghai nel 1927 e dopo il nazionalismo giapponese, con la rivalità con Stalin e con il peso internazionale dell'Unione Sovietica.

Non vi erano solo i nemici interni: alle loro spalle la grande potenza sovietica era giunta a creare uno stato, la Corea del Nord, per far dipendere dagli aiuti dei soviet la stessa esistenza della Cina, nel confronto prima con il Giappone e poi con gli Stati Uniti.

Mao eliminò fisicamente e moralmente gli avversari sino alla sua morte. E allora Deng Xiaoping poté emergere e fondare quella regola che è stata consensualmente rispettata dalle fazioni in lotta sino all'ascesa al potere di Xi Jinping: tra burocrati non ci si uccide più. Lo stesso, del resto, accadde in Unione Sovietica con l'avvento di Nikita Krusciov.

Xi Jinping quella regola l'ha infranta appena giunto al potere, intensificando via via una lotta alla corruzione che conferma ciò che sappiamo ormai teoricamente dopo decenni di studi sul tema, in ogni parte del mondo: la guerra alla corruzione altro non è – in modo più o meno spiccato – che uno strumento per la lotta interna tra le élite del potere, in forme più o meno cruente in base al grado di legittimazione democratica vigente.

La Cina è tra gli insediamenti umani a più basso grado di civilizzazione giuridica: lo si comprende purché la si studi scientificamente e non per trarne vantaggi economici, come avvenne nel caso della sua ammissione al WTO. Un via libera voluto dal Partito democratico americano, guidato dalle cuspidi della finanza sregolata, che ha posto le basi della catastrofe mondiale in cui siamo immersi.

La storia è lineare: quando giunge al potere nel 2012, Xi Jinping lo divide con le frazioni ben attive dei suoi predecessori più immediati: Hu Jintao e Jiang Zemin, ma rompe con le regole della direzione collegiale imposte da Deng. Rapidamente si impossessa del controllo non solo della Commissione militare, come avviene di norma, ma soprattutto di quelle della Sicurezza interna e dell'Economia.

Il congresso sarà la prova della sua capacità di raccogliere attorno a sé fazione di fedelissimi come in questi anni lo è stato Li Keqiang, un primo ministro capace anche nelle relazioni internazionali che ha di fatto controllato il Comitato Permanente del Politburo. E poi anche la fazione più importante di tutte, come era quella di Beria nell'Unione Sovietica: quella di Wang Qishan, il quale ha guidato la campagna anticorruzione che ha distrutto le frazioni raccolte attorno ai sindaci delle più grandi città, in gangli cruciali dell'esercito e soprattutto nell'apparato del partito.

L'età di Wang (nato nel 1948 e quindi più che settantenne) è di ostacolo alla sua riconferma, ma una soluzione organizzativa sarà sicuramente trovata perché, a parer mio, i più di un milione di processi, che si sono succeduti negli anni intercorsi dall'ultimo congresso a oggi, non hanno ancora definitivamente distrutto i potenziali oppositori.

Lo dimostra l'incessante campagna condotta sia a destra sia a sinistra, ossia contro i sempre risorgenti neo-maoismi e gli ancora attivi residui della "cricca di Shanghai" che da decenni insidia il potere centrale di Pechino. Dinanzi a questi pericoli interni Xi Jinping ha scelto una via che potremmo identificare nell'agglutinamento e nella neutralità di ogni altro possibile avversario che non venga dalle viscere del partito.

Ecco allora l'apertura verso le religioni, tutte le religioni, che ha avuto il suo culmine con l'accordo vaticano che sarà perfezionato con il Segretario di Stato Pietro Parolin, appena terminato il Congresso. E poi l'apertura verso le stesse anime buddiste, anche in Tibet, come dimostra l'incessante lavorio condotto dai fedelissimi del presidente in quelle terre. Xi Jinping, per raggiungere questi fini, ha potuto contare su fedelissimi come Li Zhanshu, capo del suo staff e direttore del Comitato Centrale. Questo vecchio amico che lavorava con Xi già nella Provincia Hebel è stato anche il preziosissimo collaboratore che ha preparato tutti i più importanti incontri con Putin.

Come ben si comprende Xi ha posto le basi nel tempo per una nuova fazione del Partito Comunista Cinese esperta e fidata, tanto sul piano interno, quanto sul piano internazionale, preparando in tal modo la proiezione all'esterno del grande Impero di Mezzo, privo ormai del timore di nemici interni.

Questo è stato possibile grazie a incessanti purghe. Sono forse terminate? Certo non sono così cruenti come un tempo. Lo dimostra il caso delle continue repressioni effettuate a Chongqing, dove si è finalmente insediato Chen Min'er che ha solo 57 anni, ma è un candidato sicuro al Politburo.

Ciò che Li Zhanshu ha fatto con la Russia, il giovane Vam Yang – che dovrebbe divenire componente dello *steering committee* – dovrebbe continuare a farlo con gli Stati Uniti. La situazione interna al Partito è tempestosa, a parer mio, per rendere la Cina in grado di lavorare diplomaticamente su molteplici piani (dall'indebitamento sovrano alla minaccia armata al condizionamento economico e alla corruzione delle élite dominanti delle nazioni da sottoporre a controllo o a influenza rilevante) per sottoscrivere, questa è la mia tesi, un accordo di lunga durata sulla spartizione dell'Asia e dell'Africa con gli USA e le potenze nazionali rilevanti, dalla Russia alla Turchia alla Francia, alla Germania, al Giappone e al Vietnam.

Si tratta di un accordo per concludere il quale saranno necessari anni, ma che è inevitabile, a meno che ciò che si definisce "Occidente" non ritorni a essere, sull'esempio francese, quello che è in potenza e ciò che deve essere: una potenza coloniale in Africa, pena la sua scomparsa come civilizzazione.

La cecità delle élite

Della cecità delle élite, di cui prima dicevo, si sono avuti esempi preclari. Il più devastante è stato quello della signora avvocato Lagarde. Sì, la signora Lagarde, Presidente della BCE dopo Draghi dovrebbe dimettersi per la sua dichiarazione di Francoforte del 12 marzo 2020 in merito allo *spread*, cioè che "non è materia europea, ma degli stati nazionali".

In questo modo la Lagarde ha ripreso la posizione che era proprio del terribile Trichet, primo presidente della BCE e generatore delle politiche franco-tedesche che hanno scagliato l'Europa nella deflazione secolare in forma irreversibile. Si tratta di una posizione che è frutto dell'esistenziale astrazione sociologica dal modo reale dell'attuale presidente della BCE, una astrazione tipica delle élite dei nuovi ricchi della globalizzazione.

Ma anche tra codesta élite le contraddizioni sono ben presenti. Si pensi a come si comportò Mario Draghi, appartenente a una diversa coorte di codesta élite. Solo l'avvento della Presidenza Draghi – sponsorizzata con inaudita forza dagli USA – consentì in parte, dopo la crisi mondiale finanziaria del 2008, di neutralizzare tale sciagurata politica, salvando le banche ma non le economie reali.

La signora Lagarde non ha capito che le sole politiche di aumento della liquidità in questa situazione non possono che essere devastanti. Se esse potevano rimandare le crisi con l'abbassamento dei tassi sino a valori negativi distruggendo il risparmio e ponendo le basi per il crack delle banche europee soffocate dalle crisi delle imprese, oggi sono ancora più negative portando alla catastrofe.

Occorre – invece – dare un chiaro messaggio per un ampliamento delle garanzie di credito cosicché le banche possano prendere in prestito più liquidità grazie alle lettere di credito per le imprese. Si può e si deve, per esempio, sterilizzare i titoli di Stato posseduti dalle banche centrali nazionali detenendoli nella BCE liberando in tal modo risorse di credito alle imprese nei singoli Stati.

Invece la signora Lagarde ha detto di fatto: "Non siamo qui per chiudere gli *spread*". È stato come invocare un intervento diretto a tenere sotto controllo i rendimenti dei titoli di Stato. E quindi ad accendere un allarme sulla crisi del debito pubblico che avrebbe potuto essere inevitabile, del resto, se il 16 marzo a Bruxelles si fosse applicato il MES (Meccanismo Europeo di Stabilità): si sarebbero poste infatti le basi per distruggere di fatto in sol colpo l'economia italiana, portoghese, greca, minacciando anche quella spagnola.

La signora della BCE potrebbe anticipare una possibile soluzione catastrofica. E questo in una situazione in cui molto analisti, sino a oggi eurofili o critici iniziano a dubitare della stessa tenuta dell'euro. Cito per tutti il direttore del gruppo di Bruegel, Guntram Wolff, il quale – esprimendo il dubbio che in questo modo sia l'euro stesso a essere posto in discussione – enuncia in forma ancora inconsapevole quella che a pare mio sarà la fuoriuscita drammatica da questa crisi: la decisione della Germania di abbandonare l'euro in modo violento e improvviso, vincendo in questo modo quella che non potrà non essere una guerra lampo, una Terza guerra mondiale, la prima vinta da una grande potenza economica senza esercito.

Sarà la prima guerra moderna che la Germania vincerà, mentre sino a oggi, avendo perso tutte le guerre, ha sempre vinto tutte le paci per via della sua collocazione geopolitica.

Emblematica è, a questo proposito, la vicenda del Meccanismo Europeo di Stabilità, anche noto come Fondo salva Stati. Il MES è un trattato internazionale che si presenta ai più come un veicolo finanziario ma non ne ha né la forma né la sostanza.

Un trattato che dovrebbe intervenire in caso d'insolvenza da parte di Paesi con alto debito pubblico, come il nostro. In sostanza esso supplisce alla Banca centrale europea che non è un prestatore di ultima istanza. Secondo il regolamento che lo ordina per garantire il funzionamento di codesto costrutto giuridico ircocervo tra diritto commerciale e diritto dei trattati, valgono le stesse regole che valgono in Europa: siamo di fronte alla definitiva sottrazione della democrazia liberale nel vecchio continente. In pratica, una nazione non ha né il diritto né la libertà di scegliere come intervenire sul proprio debito pubblico.

Già anni or sono il ministro delle finanze tedesco Wolfgang Schauble – oggi presidente del Bundestag – cercò di imporre condizioni particolari per gli acquisti massicci di titoli di Stato grazie all'OMT (Outright Monetary Transactions, il cosiddetto piano antispread o "salva euro") da parte di Francoforte.

L'operazione fu bloccata dal Parlamento europeo, ma dopo l'accordo franco-tedesco si continuò da parte tedesca ad agire per una sua reintroduzione. Nel gennaio 2020, ad Aquisgrana, Angela Merkel ed Emmanuel Macron firmarono un nuovo testo su cui basare le relazioni tra Berlino e Parigi – una sorta di nuovo capitolo delle relazioni fra i due Paesi – che comprende temi come Europa, economia, sicurezza e clima.

E tra i protocolli di quell'accordo non può non esservi una intesa sul MES. Parliamo, infatti, di una clausola segreta, perché i ministri che partecipano alle riunioni del MES non possono disvelare ciò che si decide in relazione a questo meccanismo. Semplicemente far ciò è vietato dal Regolamento del MES con l'articolo 34, secondo cui i ministri sono addirittura sottratti al vaglio del Parlamento.

Il MES può essere un inizio di Unione bancaria, di cui il ministro delle finanze tedesco, Olaf Scholz, ha di recente rilanciato il progetto dalle pagine del *Financial Times* sempre nel gennaio del 2020. Ma non si può costruire nessuna Unione bancaria efficiente ed efficace senza una Costituzione europea. E questa sarà la vera sconcertante tragedia che ci attende, se non si inizia la ricostruzione culturale e spirituale di un nuovo rapporto tra le potenze europee e il mondo. Viene alla mente il capitolo ottavo della *Lettera ai Romani* di *san Paolo,* là dove si dice del gemere del mondo che aspira alla resurrezione nel dolore. Come oggi.

> Ritengo che le sofferenze del tempo presente non siano paragonabili alla gloria futura che sarà rivelata in noi.

Purezza e magia: individualisti e ribelli in Italia

Per comprendere, infine, la variante italica della pandemia occorre far riferimento e possibilmente rileggere Mary Douglas, in quel suo straordinario articolo intitolato *Emotion and culture in Theories of Justice*, del 1989, scriveva che le culture, prima che le epidemie, attive epidemiologicamente nella società, potevano dar vita a comunità composte da un lato da individualisti che credevano nella gerarchia e professavano l'ordine sociale e – dall'altro – a persone isolate e ribelli che lottavano invece per la distruzione sociale.

Queste comunità di persone giungevano a intersecarsi ma mai ad amalgamarsi e certamente nessuna comunità composta da isolati e ribelli sarebbe mai giunta ad assolvere a funzioni di governo nelle società industriali o post-industriali che dir si voglia.

È proprio ciò che, invece, è successo in Italia nell'ultimo ventennio con la disgregazione dei partiti interclassisti di massa e l'emergere dei partiti pluripersonalistici con cacicchi a geometrie variabili e a fortissime influenze esterne.

Il quadro dei trattati interstatali europei in un continente senza costituzione dominato dal potere dei giudici (si vedano i saggi di Alessandro Mangia su "Il Sussidiario" e di Massimo Morisi in una lunga ricerca che dura da anni) incornicia il tutto in un quadro terribilmente olistico.

È quello che è successo con l'incrocio tra trattato o accordo che dir si voglia italo-francese dello scorso febbraio in cui la Francia e l'Italia dichiarano di avere interessi comuni mentre si combattono in Libia senza riguardo alcuno dal 2011. Il secondo governo Conte invoca misure di emergenza per una epidemia che scaturisce indubitabilmente da un alleato di fatto di codesto governo come dimostra il memorandum firmato con quello stato: la Cina di Xi Jinping.

Non c'è situazione culturalmente più pericolosa per ingenerare sensi di esclusione, di vergogna, di colpa, ci insegna sempre la Douglas nei suoi libri – meravigliosi per intelligenza e prospettiva umanistica – non c'è situazione più pericolosa che una epidemia per scatenare comportamenti collettivi olisticamente irriflessivi. Tanto più questo è vero in un contesto ormai totalizzante di universi immaginari creati dai vari social media che hanno assunto via via sempre in questo ultimo fatale ventennio un potere condizionante dei comportamenti sociali prima inimmaginabile.

Così questo sentimento collettivo di angosciosa, tellurica minaccia può divenire un formidabile plusvalore politico che i governi dominati da una lato dagli isolati ribelli, dall'altro- in un amalgama impazzito – dagli individualisti (liberisti e ordoliberisti anch'essi al potere) e ancora dal minaccioso ordine divenuto potere dei magistrati che sono invocati dai popoli di esclusi-ribelli e dagli individuasti gerarchici insieme, giungendo in tal modo a minacciare la decisione politica come ordinamento giuridico: di qui l'ordinamento di fatto che oggi vige in Italia, in spregio alla nostra Costituzione repubblicana.

Le classi politiche sono paralizzate nella decisione politica meditata e per questo ricorrono alla ginnastica agitatoria e minacciosa fondata sulla diffusione della paura. E non possono far altro che prosperare in tal modo e individuare nella diffusione del panico e nella mitica purezza minacciata la risorsa più forte per la loro continuità di circolazione ossia nella permanenza al potere. Per questa ragione le conseguenze economiche sono e saranno ancor più in futuro gravissime per la nostra economia e per la nostra stessa civilizzazione.

Circa metà del prodotto interno lordo italiano scaturisce dal Veneto e dal Friuli-Venezia Giulia e dall'Emilia-Romagna con una Lombardia che da sola fa il 60% circa della produzione agricola per non parlare del contributo che dà alla manifattura.

Ebbene la Lombardia è stata colpita da un procedimento di segregazione di comunità industriali e agricole che potevano esser salvaguardate seguendo le politiche indicate dai medici e dagli scienziati italiani che si sono disvelati per quel che sono: tra i migliori al mondo oltre che tra i più vituperati mal pagati e mal difesi al mondo. Nonostante ciò difendono l'onore della professione e del loro ruolo di funzionari dello Stato con ammirevole fermezza.

Ebbene tutto ciò mentre un governo non eletto dal popolo e creato dalle geometrie variabili prima evocate vacilla, si divide, non trova la giusta via per rassicurare la nazione e per difenderne gli interessi in un agone internazionale sempre più incerto e che si aggraverà a causa dei problemi che seguiranno il diffondersi del coronavirus nelle nazioni che più tardi dell'Italia hanno proceduto ai controlli e alle segregazioni prudenziali.

In questo contesto si potrebbe dare una svolta alla crisi da coronavirus – la prima e speriamo l'ultima – con la creazione di un governo di salvezza nazionale o di emergenza, e lo dice una persona che aborre i governi tecnici di cui si è spesso abusato in Italia. Un governo siffatto, questa volta ci vorrebbe!

Un governo che svolga il referendum sulla riduzione (ahimè) dei parlamentari, ridisegni i collegi elettorali e prepari nuove elezioni con una nuova legge elettorale senza esser messi sotto scacco, i nuovi ministri e il Presidente del consiglio, dalla valanga di nomine pubbliche che s'addensa.

Può essere possibile? In ogni caso sarebbe l'unica soluzione decente, trovate le persone giuste, per non essere sommersi dagli esclusi-ribelli divenuti governanti con un Tevere sempre più stretto. Ma forse è solo fantasia, forse… ma senza paura alcuna.

Rileggiamo i classici: Maurice Godelier e Richard Levins

Il problema è, oggi più che mai, comprendere che occorre unificare nell'analisi e nell'esperienza di vita la consapevolezza che la storia non è finita, né in economia né nella vita politica, né nella lotta dell'umanità contro le malattie e che le disuguaglianze e l'ingiustizia non fanno che rendere ancora più ardua questa lotta, sconfessando ogni ottimismo liberista: l'equilibrio di mercato non esiste perché non esiste l'equilibrio della e nella storia.

Nel 2018 si è scatenata a Los Angeles una epidemia di tifo, insomma, una malattia "medievale" si è manifestata nel pieno della California, lo Stato più ricco del Paese più ricco del mondo, in cui però si registra un record delle famiglie senza tetto.

Si è scatenata, ci ha ricordato Luca De Crescenzo recentemente, senza che nessuno avvertisse la contraddizione esplosiva contenuta in quella diffusione epidemica. Non impariamo, infatti, nulla dalla distruzione degli stati africani post-coloniali, laddove la patrimonializzazione finanziaria e corrotta ha privatizzato tutto, dalla sanità all'istruzione a partire dalle scuole elementari in un continente che si preannuncia come la potenza demografica ed economica del futuro.

E nulla abbiamo appreso dalle privatizzazioni catastrofiche anche dal punto di vista sanitario delle nazioni del cosiddetto" socialismo reale", sottoposte un tempo all'imperialismo sovietico e oggi a quello finanziario sregolato e mai risollevatesi socialmente ed economicamente da questo cambiamento.

Il successivo precipitare dell'economia di tanti Stati africani e non solo, il crollo dei sistemi socialisti dell'Europa dell'Est, insieme a quello dell'aspettativa di vita dei loro abitanti e la scandalosa crescita delle disuguaglianze hanno di gran lunga ridimensionato questi ottimistiche previsioni.

E se il problema può essere catalogato sotto l'etichetta sempre rinnovatosi del sottosviluppo non si può mai dimenticare come l'incrocio tra quest'ultimo e lo svolgersi dell'accumulazione capitalistica mondializzata sia all'origine di epidemie e pandemie come quelle dell'AIDS e della

SARS e del Coronavirus. Senza poi dimenticare gli scenari che il cambiamento climatico apre sul fronte della salute mondiale, con la distruzione degli ecosistemi e la trasmigrazione delle popolazioni, non solo per i conflitti di potenza in corso nel Grande Medio Oriente e – su scala più limitata – nel Sud America, colpito dal fallimento del terribile dominio petro-militaristico venezuelano.

Si può dire, infatti, come annunciò inascoltato all'inizio degli anni Novanta del Novecento Richard Levins dalla sua cattedra di Harvard, che:

> Piuttosto che annunciare il declino inesorabile delle malattie infettive, dobbiamo renderci conto che ogni grande cambiamento nella società, nella popolazione, nello sfruttamento della terra, nel clima, nella nutrizione, o nelle migrazioni, è al contempo un evento sanitario con il suo quadro epidemiologico sempre potenzialmente minaccioso.

Di qui l'importanza di rivedere il ruolo delle scienze biologiche e della stessa industria farmaceutica nel processo di produzione capitalistico. In questo modo si sfugge sia al determinismo biologico e al riduzionismo, comprendendo che la scienza medica è parte di una scienza sociale che deve essere sottratta al puro sviluppo del capitalismo e che la forma proprietaria della produzione della ricerca medica e biologica è quello dell'allocazione dei diritti di proprietà in forma cooperativa e, ancora più propriamente secondo la teoria insuperata di Henry Hansmann, del *not for profit* cosicché, come ci insegnava Elinor Ostrom, la ricerca scientifica sia posta al servizio dell'umanità e non del profitto capitalismo.

E se non si supererà il determinismo medico-scientista e la paura con un ritorno all'utopia, non si sopravviverà alle pandemie. In fondo il rapporto tra l'uomo associato e la natura è stato sempre un rapporto di espropriazione feudale e poi capitalistica, come si discuteva negli anni Ottanta del Novecento con Maurice Godelier, allora intento a raccogliere i suoi saggi in quel libro capolavoro che era ed è *L'Idéel et le matériel.*

Insomma, senza utopia non si sfuggirà alle pandemie. Il fatto è che tutto richiama a una centralizzazione delle regole di sopravvivenza, secondo logiche sociologiche piuttosto che mediche, perché da sole tali logiche non possono interpretare i bisogni di difesa dei sistemi sociali viventi. E ora viene alla mente l'insegnamento sempre attuale di Husserl sul fallimento delle "scienze europee" incapaci di fuoriuscire da un positivismo dei fatti che uccideva e che uccide la vita della conoscenza... e non solo di quest'ultima.

Da questo punto di vista, l'Europa è in uno stato di pandemia culturale catastrofica. Si pensi, per esempio, che, poche settimane or sono, la Spagna ha annunciato che imporrà una tassa sul web anche senza ricercare un accordo europeo, ma per iniziativa diretta di un governo che si è formato dopo una serie di defatiganti negoziati e che si regge su una fragilissima maggioranza.

E l'annuncio viene con una Catalogna sull'orlo del collasso istituzionale perché i suoi leader più noti e protagonisti delle vicende di un indipendentismo di fatto sempre più insurrezionale sono stati condannati a lunghi anni di carcere o all'esilio.

Contro questi ultimi stanno procedendo i giudici dell'Alta Corte Europea con provvedimenti di estradizione che non potranno che infiammare gli animi dei seguaci degli indipendentisti e – di contro – dei centralisti, che sembrano tornati a risorgere in forma trasversale con inaudita forza.

Mentre un alleato storico della Germania come la Spagna si dibatte in queste difficoltà istituzionale e reagisce alla sua crisi di fatto attaccando gli USA, che avevano intimato ai loro storici alleati di desistere da operazioni fiscali di tal fatta, ebbene la Commissione europea sta dando una mortificante prova di impotenza, unitamente al Consiglio europeo, non riuscendo a raggiungere accordo sul futuro bilancio pluriennale.

Insomma, l'Europa è attraversata da faglie sempre più profonde destinate ad approfondirsi dopo la Brexit. Già dal confronto aspro che si delineò sul bilancio europeo pluriennale emersero tutte le debolezze in cui si è sempre più avvoltolata la tecnocrazia europea e gli Stati che ne decidono le sorti, ossia la Francia e la Germania, alleate sulla carta (Trattati di Aquisgrana *docent*) e separate, invece, dalla storia e dal rapporto con gli USA nella *praxi* odierna.

Ma tutto risiede nelle trasformazioni che il progetto europeo ha subito. Esso è stato originariamente varato con l'obiettivo dichiarato di garantire la pace attraverso una rafforzata *coo-*

perazione politica, che doveva essere fondata su un crescente *benessere* e una stretta *solidarietà*, così da contribuire a costruire una reciproca fiducia tra "nemici tradizionali".

Questo processo fu costruito sull'aspettativa che tutti i Paesi europei avrebbero tratto vantaggi da una più stretta integrazione economica. Uno sviluppo che doveva inoltre essere socialmente bilanciato e solidamente radicato nelle democrazie nazionali occidentali, per fare da contrappeso ai sistemi economici e politici del blocco orientale.

Questo processo radicato verso un progetto sociale, solidale e democratico di cooperazione europea fu quasi immediatamente abbandonato dopo il crollo del Muro di Berlino nel 1989, terminata la guerra civile europea che imponeva di condurre politiche sociali in funzione anti-sovietica.

Le modifiche ai trattati europei che vi hanno fatto seguito hanno avuto come obiettivo di rafforzare le forze di mercato e la concorrenza tra capitali e sul mercato del lavoro, ridurre la sovranità politica dei singoli paesi e rafforzare, al contempo, il dominio delle istituzioni dell'UE da parte, volta a volta, della Francia e della Germania dall'altra, con un peso crescente di una tecnocrazia incontrollabile e votata alla direzione dall'alto delle società europee.

Il risultato di queste modifiche ai trattati ha aumentato la pressione economica e politica sulla originaria cooperazione tra Stati nazionali. Un numero crescente di direttive dell'UE sono state adottate con una maggioranza qualificata, con la quale gli interessi delle nazioni meno potenti geopoliticamente, prima che economicamente, sono stati soffocati.

Le frontiere sono state aperte (mentre oggi chiudono dinanzi a reazioni nazionalistiche sempre prima esorcizzate) senza regole democraticamente identificate da un Parlamento non di facciata come è invece quello europeo e la concorrenza economica è stata inasprita e non solo sul mercato delle merci, ma anche in quello dei capitali e del lavoro, con conseguenze destabilizzanti sulla possibilità di condurre delle politiche sociali e distributive appropriate alla realtà dei diversi Paesi.

Il sogno europeo di una pacifica, affluente e socialmente equilibrata cooperazione dentro gli accordi che originariamente furono raggiunti nel Trattato di Roma, si è infranto.

L'élite europea guidata dai burocrati di Bruxelles, dagli interessi del capitale non solo europeo e da un ceto "alto" per reddito e formazione istituzionale intellettuale, si è auto-illuso (e si auto-illude) che il desiderio maggiore dell'opinione pubblica fosse e sia quello di realizzare gli Stati Uniti d'Europa (USE) mediante una accelerata cooperazione economica e poi politica.

L'Europa sociale è stata così accantonata a vantaggio di una Europa centralistica, basata sul mercato e dominata dai capitali. Il desiderio dei popoli europei di continuare sulla strada della giustizia sociale, sia sul piano nazionale sia europeo, è stato sistematicamente spazzato via con affermazioni dispregiative come "nazionalismo", "populismo", e "mancanza di conoscenza".

In alternativa si è proposto lo Stato europeo competitivo che dovrebbe, al contrario, in conseguenza della globalizzazione finanziaria, rafforzarsi, mentre lo Stato del benessere, dopo il crollo del Muro, è stato via via posto in discussione.

Il risultato di questo indebolimento delle democrazie nazionali e delle politiche sociali è evidente: una disoccupazione record e una crescente povertà e ineguaglianza.

In questo contesto il bilancio europeo pluriennale e la discussione a cui lo si sottopone altro non è che un sistema delle entrate, che se rimane dipendente dai contributi statali, come pare sia inevitabile, non potrà che ingenerare conflitti continui, anche in questa situazione di pandemia che richiederebbe solidarietà.

Il cane europeo si morde la coda sempre più affannosamente. E lo stesso fa il mondo. Nonostante la pandemia.

L'emergenza e le tre Grandi Cesure

di Alessandro Mangia

1. Le pagine di Giulio Sapelli che abbiamo letto descrivono gli scenari e linee di tendenza di una trasformazione, che si intuisce, fin da questa sua fase d'avvio, essere storica e definitiva. A fatica si fa strada tra gli osservatori, ma anche tra la gente comune, la consapevolezza che dopo la Pandemia del XXI secolo, niente sarà come prima. Se qualcuno ci ha detto in passato che i secoli possono essere lunghi o brevi, non dovrebbe essere difficile capire che è da ora che finisce il XX e inizia davvero il XXI secolo.

Persino l'11 settembre non ha prodotto sull'organizzazione della produzione, e quindi del lavoro e della società, gli effetti che intuiamo essere alla porta con la crisi della Pandemia. L'11 settembre aveva mutato radicalmente il quadro di riferimento prima consueto, modificando nel profondo il sistema delle relazioni internazionali: nondimeno aveva mantenuto fermi i modelli di organizzazione sociale presenti in Occidente all'epilogo della Guerra fredda.

E semmai li aveva potenziati, in parallelo con la dilatazione delle connessioni elettroniche e l'intensificarsi degli scambi tra parti e parti del mondo. Semplicemente, a quei modelli, l'11 Settembre aveva sovrapposto le esigenze dell'emergenza; e su quella emergenza si era legittimata un'operazione di espansione del modello di produzione occidentale e di ri-espansione della potenza militare americana attraverso la Guerra mondiale al terrorismo che aveva fatto seguito all'evento delle Torri gemelle. L'emergenza, insomma, aveva operato, in quell'occasione, come nuova categoria di legittimazione del potere politico.

Era quella, però, un'emergenza che attraversava ugualmente i singoli Stati, e per questo, in qualche modo, riusciva a produrre un effetto unificante. Non è da oggi che si sa che il Politico, inteso come categoria del pensiero e dell'agire umano, esiste solo in rapporto all'identificazione di un Nemico. Perché la politica, essendo contrapposizione, presuppone sempre Identità che si contrappongono ad altre Identità.

E allora, in mancanza di un nemico statale

identificabile nelle forme tradizionali, anche un nemico impalpabile e trasversale, come era - ed è – il Terrorista, poteva svolgere – e di fatto ha svolto – una medesima funzione unificante da un punto di vista politico. Gli studi sugli effetti dell'emergenza terroristica, tuttavia, ci sono poco utili a leggere la fase presente.

Quella era un'emergenza che favoriva l'avvento dell'Unità del Mondo. E, favorendo l'Unità del Mondo, realizzava un travaso di culture dall'Oriente, con la sua concezione asiatica dell'autorità, all'Occidente, fino ad allora libertario e liberale. Sicché quell'emergenza attenuava le differenze tra Occidente ed Oriente sul versante del controllo sociale e creava le condizioni affinché la concezione occidentale delle libertà economiche passasse nell'Asia autoritaria e illiberale, tramutandosi in un pericoloso quanto inedito connubio tra potere e mercato, difficile da comprendere alla nostra mentalità (Henry Kissinger, *Cina*, Milano 2011).

Negli anni dell'emergenza successivi all'11 Settembre, insomma, lo Stato deideologizzato della società industriale che era germinato nel dopoguerra in Europa (Ernst Forsthoff, *Lo Stato della società industriale*, Milano 2011), si trapiantava in Oriente e, anziché generare spoliticizzazione, come in Europa, diveniva un generatore di potenza politica.

Il rapporto fra tecnica e potere politico, insomma, si invertiva. E in Cina, anziché essere dominato dalla tecnica e dal sistema degli interessi sociali, come è avvenuto in Europa, lo Stato si faceva dominatore della tecnica e la usava come strumento di potere, assieme ad una concezione autoritaria del Mercato e dei suoi prodotti.

Prova ne sia la strettissima interrelazione economica e politica tra Germania e Cina, che di queste due versioni dello Stato industriale rappresentano la perfetta incarnazione, con i tradizionali corollari di surplus commerciale, mercantilismo politico, governo sociale affidato alle leggi dei numeri e, in generale, della Quantità.

2. Certo, anche oggi ci troviamo di fronte al riapparire dell'emergenza, come ai tempi dell'11 Settembre. E l'emergenza americana di quegli anni ha spinto studiosi come John Yoo – allora consigliere di Bush jr., e oggi di Donald Trump – ad esplorare il pensiero europeo sull'emergenza da Santi Romano e Carl Schmitt (John Yoo, *The Powers of War and Peace: The Constitution and Foreign Affairs After 9/11*, Chicago 2006) e ad espandere la riflessione americana sul punto. Perché l'emergenza è una categoria necessaria del pensiero politico e giuridico. La riflessione europea sull'emergenza comincia con il terremoto di Messina del 1908 (Santi Romano) e prosegue con la crisi di Weimar e la parabola del potere commissario (Carl Schmitt). Era soltanto naturale che, dopo le Torri Gemelle, proseguisse Oltreoceano, e da lì si irradiasse ancora una volta, sia pure in modi diversi, nella cultura politica mondiale.

Questa emergenza, però, al di là del contingente e temporaneo effetto sui governi nazionali, non ha un effetto unificante. L'effetto primo della Pandemia – e ce accorgiamo fin da queste primissime fasi, che non sono altro se non l'inizio dell'inizio – è la rottura e il necessario allentamento dei rapporti sociali.

A questa rottura seguirà una rottura e una riorganizzazione delle forme del lavoro. E dalla riorganizzazione del lavoro seguirà, com'è inevitabile, una forte riorganizzazione sociale, per linee che, al momento, non siamo in grado nemmeno di intravedere. Questo è il senso della lettura di Giulio Sapelli che resta, nonostante tutto, un ottimista. Ma non è questo il tempo delle profezie: semmai delle caute previsioni.

L'unica cosa certa è la consapevolezza del fatto che qualcuno o qualcosa ha fatto correre all'indietro le lancette dell'orologio della Storia. Così come si sono interrotti quei processi economici e politici che venivano malamente e grossolanamente riassunti nella formula della "globalizzazione" e sui quali si confidava per realizzare la trasformazione definitiva del mondo secondo l'agghiacciante rappresentazione che se ne trova nel *masque* su carta, pubblicato qualche anno fa, di Jacques Attali (*Breve storia del futuro. Rivista e aggiornata a dieci anni dalla crisi*, Roma 2016).

Come quei processi riprenderanno e si riorganizzeranno dipenderà dal modo in cui la gigantesca rete degli interessi – del capitale, del lavoro e perfino dei singoli individui, intesi come componenti di società sospese e cloroformizzate – sarà in grado di riorganizzarsi.

Sapelli distingue tra una super-globalizzazione finanziaria e una semi-globalizzazione manifatturiera: ed in questo coglie una delle faglie che hanno attraversato la somma di quei processi cui alludevo poco fa, generando tensioni che tutti, in un modo o nell'altro, abbiamo avvertito e percepito nella nostra quotidianità.

Come la velocità di uno strato del manto terrestre crea attrito con lo strato sottostante e genera tensioni destinate a scaricarsi telluricamente, allo stesso modo il disallineamento tra finanza e produzione manifatturiera aveva prodotto un accumulo di tensioni – un conflitto fra interessi divergenti – all'interno dello stesso sistema della produzione del valore.

Alla super-produzione di valore finanziario (e per questo fittizio) non poteva in alcun modo corrispondere una uguale produzione di valore industriale (e per questo reale): ai numeri della finanza, che anticipavano guadagni futuri ed eventuali, non potevano fisicamente corrispondere le cose della realtà.

Il Regno della Quantità (finanziario) si era sovrapposto alla realtà (industriale) e l'aveva alterata nei suoi presupposti di funzionamento e produzione. Da qui il ricorso all'indebitamento come strumento di supporto della produzione di valore reale (il keynesismo finanziario privato); da qui, inoltre, l'accumulo endogeno di debito privato che generava altro debito, stavolta pubblico; da qui, infine, la necessità di scaricare ed eliminare questo debito, che doveva trovare forme nuove per scomparire, visto che le tradizionali forme del conflitto militare erano ormai impraticabili.

Sappiamo tutti che gli USA, e poi il resto del mondo, sono usciti dalla crisi attraverso lo sforzo industriale della Seconda Guerra Mondiale, fino a trasformare, dopo Bretton Woods, lo sforzo bellico del Secondo conflitto mondiale in un *warfare* che ha alimentato lo sviluppo del Dopoguerra e ha dato ossigeno per decenni al resto del mondo. Quel mondo in realtà è finito da un pezzo, prima con il rifiuto della convertibilità dell'oro nell'agosto del 1971 e poi, definitivamente, a Guerra Fredda conclusa, con l'ingresso della Cina nel WTO l'11 dicembre del 2001. Da allora siamo in una fase di transizione.

La Pandemia del 2020 è destinata a spazzare via, con velocità che non è dato prevedere, tutto quanto si è visto da allora, e a mettere crudamente in luce quello che Ernst-Wolfgang Böckenförde, riprendendo Carl Schmitt e Ernst Forsthoff, aveva capito ancora negli anni Sessanta nelle prime fasi di sviluppo dello Stato della società industriale: e cioè che "*Lo Stato moderno vive di presupposti che non può garantire*" perché non ha una base etica (Ernst-Wolfgang Böckenförde, *La formazione dello Stato come processo di secolarizzazione*, Brescia, 2006). E, non avendo una base etica, non può avere nemmeno una base sociale, visto che ogni società è sempre il prodotto della sua etica.

L'Unione Europea è il perfezionamento definitivo di questo tipo di Stato, privo di una sua autorappresentazione spirituale (*geistliche Selbstdarstellung*). I suoi valori sono valori artificiali, raccolti in Carte dei diritti ipocrite e velleitarie (Carta di Nizza, Convenzione europea dei diritti dell'uomo), concepiti apposta per nascondere che, se si perde la dimensione etica, ogni valore è destinato a convertirsi e a cedere di fronte al valore economico, che di ogni altro presunto valore è la misura.

Questo fa dell'Unione europea una versione regionale del Regno della Quantità, le altre essendo Cina e, in qualche misura, gli USA. Dove però, al di fuori del mondo dei mercati finanziari, e delle grandi metropoli, esiste ancora una base sociale unificata da una componente religiosa che si è rifiutata dall'Europa laica. E che non è nemmeno mai comparsa in Cina, dove il materialismo del Partito Comunista si è potuto saldare benissimo al materialismo del Mercato e della Produzione, trovando campo libero.

Il governo dei numeri che regge l'Unione europea da Maastricht in poi – e che è un'applicazione su scala continentale del "triangolo magico" fatto da stabilità dei prezzi, pareggio di bilancio e surplus commerciale tracciato in Germania nella Legge sulla Stabilità e la Crescita del 1967 – subordina ogni scelta politica al valore economico, e per questo fa del mercato il luogo di veridizione di ogni politica, (Michel Foucault, *Nascita della biopolitica*, Milano 2005).

E sostituisce la scelta politica con la permutazione dei valori delle Carte da parte dei Giudici-Profeti che siedono nelle Corti europee. Per questo ad un governo dei numeri l'Unione europea affianca una retorica dei diritti e dei valori del tutto artificiale, fatta apposta per coprire e rendere più accettabile il governo dei numeri.

3. È questa della Pandemia la Terza Grande Cesura della storia recente, dopo quella rappresentata dalla fine della Guerra fredda, che ha portato riunificazione tedesca e Maastricht in Europa, e dopo la Seconda Grande Cesura, rappresentata dalla crisi del 2007-08, arrivata in Italia con il Governo Monti nel 2011.

E ripropone, con la rottura degli schemi pregressi, il problema della tutela degli interessi delle comunità raccolte all'interno della forma politica dello Stato nazionale.

Per questo dovrebbe essere oggetto di stupore che oggi la nozione di "interesse nazionale" possa essere oggetto di dibattito, e quindi di contrapposizione politica. E che questo venga visto come un fatto di cui discorrere, e non per ciò che è: e cioè una patologia che testimonia dell'involuzione del discorso pubblico in Italia.

Una patologia che si è avviata con la crisi istituzionale degli anni 1991-93; che, pur conoscendo diverse fasi, non si è mai interrotta; e che ha condotto alla situazione attuale di sostanziale disorientamento.

Del resto, l'Italia è l'unico paese dell'Europa occidentale che ha assistito, dopo il 1989, e cioè ai tempi della Prima Grande Cesura, alla rimozione integrale di una classe politica, esattamente come è avvenuto nelle democrazie popolari dell'Est Europa (François Fejto, *La fine delle democrazie popolari. L'Europa orientale dopo la rivoluzione del 1989*, Milano 1994).

Lo stesso non è avvenuto in Francia, in Germania, in Gran Bretagna, per guardare a paesi comparabili all'Italia per dimensioni, tradizione, capacità produttiva, e cultura: paesi che invece hanno vissuto il Nuovo Ordine Mondiale (Henry Kissinger, *Ordine Mondiale*, Milano 2015), Maastricht, e il nascere dell'Unione in una situazione di sostanziale continuità.

Un giorno si spiegheranno meglio le ragioni che furono alla base di quello strano periodo: e si spiegheranno meglio quando la storia d'Italia di quel periodo sarà ricostruita sulla base della letteratura straniera che ne ha dato conto, durante e dopo quegli anni. Non sulla base di quanto è stato scritto in Italia.

Sta di fatto che è da allora che l'Italia vive un 8 settembre a bassa intensità e di lunga durata, che ne ha pregiudicato la collocazione sullo scenario mondiale, sia in termini economici, sia di ruolo geopolitico nelle aree di sua tradizionale spettanza, e cioè Mediterraneo e Vicino Oriente.

Questa situazione ha contato molto anche su altri versanti. Se si dovesse fare un bilancio del ruolo giocato dall'Italia all'interno dell'Unione è difficile negare che questo bilancio non sia stato altro che negativo. Senza ragionare qui delle cause che hanno condotto a questa situazione, ci vuol poco a riconoscere che in Europa l'Italia ha contato molto di più *prima* che *dopo* Maastricht.

E che da Maastricht in poi il peso specifico

di un paese di 60 milioni di abitanti, con un'economia splendidamente diversificata, con la seconda capacità industriale del Continente, ed eccellenze in praticamente tutti i settori della ricerca e della cultura, che ha contribuito come pochi alla formazione di quella che da Europei dovremmo chiamare cultura europeo-occidentale, sia andato riducendosi fino a diventare l'ombra di ciò che era solo trent'anni fa.

Il che si dice nella consapevolezza di tutti i problemi e gli squilibri che erano evidenti ancora trent'anni fa, e che oggi si sono accentuati, fino a fare dell'Italia qualcosa di simile ad una Baviera con annessa una enorme Grecia.

Detto questo sia chiaro: il Nord Italia non è la Baviera, e il Sud Italia non è la Grecia. Ma si tratta di una metafora utile a mettere in luce le tendenze in corso nel paese, che indicano una chiara e forte tendenza alla divaricazione dei territori, in via di forte accelerazione. E che non danno mostra di interrompersi o rallentare.

Tutto questo è una anomalia. Ma è un'anomalia interessante, fortemente indicativa della condizione in cui versa il discorso sullo Stato – sulla statualità dovremmo dire – in Italia. Si sa che lo Stato, da Georg Jellinek in poi, è un triangolo fatto di territorio, popolazione e governo: se viene a mancare o di indebolisce uno di questi tre elementi, lo Stato semplicemente cessa di essere uno Stato. Ma se le incrinature di territorio e popolazione sono tutto sommato facilmente riconoscibili (cosa è più misurabile di una perdita di Zona Economica Esclusiva?), lo stesso non avviene quando si parla di governo.

Qui governo non è solo apparato o dominio: è innanzitutto azione, e cioè capacità di perseguire e realizzare obiettivi politici alla luce degli interessi che lo Stato di volta in volta ritiene di perseguire. Lo Stato, da questo punto di vista, si identifica con la politica, che è innanzi tutto volontà e capacità di perseguire interessi.

E allora non ci vuole molto a capire che uno Stato che non persegue un suo "interesse" può essere molte cose, ma ha già cessato di essere uno Stato perché non produce più politica. E di conseguenza ha lasciato spazio alla costellazione di interessi e di poteri indiretti – i poteri situazionali di cui ci ha parlato sovente Giulio Sapelli (*La democrazia trasformata. La rappresentanza tra territorio e funzione: un'analisi teorico-interpretativa*, Milano 2007) – che ne occupano transitoriamente il territorio.

E che vengono di volta in volta scambiati per interessi italiani, tedeschi, francesi etc., mentre in realtà, nella maggior parte dei casi, si tratta soltanto di interessi che si ammantano delle vesti dell'interesse nazionale (altrui) per trovare forma e realizzarsi.

Quella tra potere statale e poteri indiretti, insomma, è una tensione ineliminabile, che si riflette sulla raffigurazione della rete degli interessi (del sistema, si dovrebbe dire, degli interessi). Questi interessi alimentano la politica, e la sostanziano all'interno e al di fuori dello Stato e sono interessi che, di quella rete, fanno una struttura in perenne movimento, decifrabile solo a prezzo di grandi sforzi e grande abilità e prudenza.

Prudenza e capacità di lettura dei processi storici che, diciamolo pure, non sembra esserci stata granché dai tempi della Prima Grande Cesura.

4. Sicché la domanda che ci si dovrebbe porre è quali siano – e quali dovrebbero essere – gli interessi che sono stati perseguiti dalla politica nazionale da allora ad oggi. E quali siano i mezzi a disposizione – competenze, risorse, apparati – per perseguire oggi questi interessi.

Ed è a fronte di queste domande – ma non

solo di queste – che si scoprono gli effetti prodotti dalla cesura 1991-1993 sul Paese.

Ed è su questo che si dovrebbe avviare una riflessione. Perché la politica è senz'altro identificazione di interessi altrui e capacità di realizzazione dei propri. Ma prima ancora è pensiero e capacità di ricognizione delle situazioni in cui è chiamato a muoversi lo Stato o quel che ne resta. Perché da sempre sono le domande a generare le risposte. E quindi a delineare gli scenari di azione.

E allora, se si parte da qui, si scopre che la società italiana ha smesso da allora, e cioè dai tempi della Prima Grande Cesura, di interrogarsi sul proprio ruolo sullo scenario europeo e mondiale, essendosi appagata della sua dissoluzione nella nuova realtà istituzionale prodotta da Maastricht.

Qualcuno, negli anni Ottanta, prima di Maastricht, aveva predetto che i Tedeschi sarebbero entrati in Europa da Tedeschi, i Francesi da Francesi, gli Inglesi da Inglesi, mentre gli Italiani sarebbero stati gli unici ad entraci da Europei. I fatti hanno dato ragione a coloro che sostenevano questa tesi.

Ed è da allora che la politica italiana ha smesso di pensare e di pensarsi come tale (di autorappresentarsi), acquietandosi nella delega firmata allora alle istituzioni europee, fino a trasformarsi in attività di esecuzione locale di scelte assunte altrove, e segnatamente in quel livello europeo dove – nel discorso pubblico italiano – tutto si fa indistinto ed opaco.

La seconda Grande Cesura, prodottasi nel 2011 con il fatto costituzionale del commissariamento finanziario della Repubblica, ha dato il colpo di grazia alla capacità del Paese di pensarsi come entità politica, favorendo il sorgere di un ceto politico sempre più penetrato da interessi esterni, che va cercando legittimazioni altrove. È esemplare – e dovrebbe essere oggetto di riflessione – la lista di politici e figure istituzionali italiane che hanno ricevuto medaglie e riconoscimenti provenienti da Stati esteri.

Lo stesso non è avvenuto in altri paesi. Anzi, altrove – e non soltanto negli stati di democrazia classica occidentale, e cioè Francia e Germania, ma soprattutto negli stati di democrazia recente dell'Est, gli Stati cioè, dell'Intermarium – si è saputo capire che la nuova realtà istituzionale dell'Unione poteva essere un moltiplicatore di potenza per la realizzazione degli interessi nazionali, solo che si fosse stati in grado di coglierne le enormi potenzialità in termini di produzione di effetti egemonici.

Il Trattato di Aquisgrana tra Francia e Germania del 2019 ne è un esempio; così come rischia di essere dello stesso fenomeno un esempio, ma *al contrario*, l'analogo trattato tra Francia e Italia (Trattato del Quirinale) in gestazione da mesi.

La vincolatività di questi trattati sappiamo essere quella che è. Ma sono comunque spie di un unico processo in corso da decenni, che ha condotto, per merito altrui, e per incapacità nostra, alla situazione attuale.

Il fatto che qualcuno sia entrato nell'Unione da Tedesco o da Francese, e solo noi da Europei ha prodotto, con il trascorrere del tempo, i suoi effetti. E lo stesso discorso dovrebbe essere fatto per altre forme di collaborazione, a cavallo tra il diritto internazionale ed il diritto dell'Unione, quali il Trattato MES o il Trattato di Velsen con l'istituzione di Eurogendfor, i cui effetti benefici sul paese sono tutto tranne che evidenti.

5. Tutto questo ha avuto, in aggiunta, l'effetto di allontanare il ceto politico italiano da quello che è sempre stato, dal Dopoguerra in poi, il suo tradizionale alleato, e cioè gli USA, i quali, anche per ragioni interne alle ultime amministrazioni, si sono progressivamente disimpegnati dal teatro europeo. E questo ha giocato non poco sulle condizioni che hanno portato all'attuale situazione, perché se il *radicamento culturale ed economico* dell'Italia è – e non può che essere – in Europa, bisogna capire che il suo *radicamento politico* non può che essere Oltreoceano, per le ragioni che si sono appena dette, stante che il disimpegno statunitense dal Mediterraneo e dall'Europa ha creato le condizioni affinché l'egemonia franco-tedesca potesse affermarsi, sia pure nel modo zoppo e claudicante che sappiamo, sul resto del continente.

Bisogna riconoscere che ciò che, forzando il linguaggio, ci si è abituati a chiamare Europa – per farci dimenticare che Europa è una categoria della storia e della cultura mondiale, e non un disfunzionale gruppo di Stati retti da rapporti egemonici, il cui nome proprio è Unione europea – è esclusivamente una potenza terrestre.

Governa un piccolo e limitato pezzo di Eurasia. Non ha capacità di proiezione marittima, nonostante la Francia da sempre aspiri ad essere presente sul mare. Il suo naturale ambito di espansione sta nell'"oceano di terra" che inizia, al confine tra Germania e Polonia, tra Chemnitz e Wroclaw, e finisce a Khabarovsk sulle coste del Pacifico, dove l'ultimo pezzo di costa siberiana affronta le coste giapponesi e a sud confina, per terra, con un lembo di Cina. Ma quello spazio le è precluso perché da sempre quell'oceano di terra è troppo vasto per poter essere controllato. Ed è presidiato in modo insuperabile dal gigante russo.

A differenza del suo ingombrante vicino russo, la proiezione di potenza dell'Unione non è militare, ma esclusivamente commerciale e mercantile. Tant'è che il suo diritto è una *lex mercatoria* riadattata all'età della tecnica e dell'informatica, impiegata come strumento di governo contabile, ed abbellita da una retorica dei "diritti fondamentali" fatta per distruggere la tradizione plurimillenaria del diritto razionale europeo.

L'Unione non può proiettarsi nel mondo attraverso la forza della finanza, perché la finanza è affare esclusivamente anglosassone. Si proietta nel mondo attraverso la produzione e l'esportazione di manufatti e l'accumulo di *surplus* commerciali superiori a quelli cinesi.

La sua massima economia, quella tedesca, è

un aliante trainato dal motore dell'aereo cinese e non è autosufficiente, essendo condannata all'esportazione dal modello economico scelto fin dal Dopoguerra e codificato in quella Legge sulla Stabilità che ha sancito il governo dei numeri sulle cose.

Il progetto europeo per una proiezione di forza finanziaria in competizione con il dollaro nelle aree asiatiche e del Medio oriente, che pure c'è stato, è fallito anche prima della crisi del 2008. Di quel progetto restano solo gli effetti interni, e cioè la capacità da parte di alcuni Stati-nazione di impiegare una moneta creata dall'ingegneria finanziaria per egemonizzarne altri con la collaborazione della classe dirigente di questi Stati nuovamente asserviti. Con l'unica differenza, rispetto al passato recente, che questa egemonia si basa sulla forza contabile e non più militare. Da qui la differenza tra *Core* e *Piigs* — e cioè tra "Nucleo" e "Porci" – che descrive in due parole l'attuale disequilibrio europeo.

La collocazione geografica degli Stati-nazione egemoni, e cioè Germania e la subordinata Francia, è però determinante per il loro destino politico. Vista la loro collocazione, la proiezione di forza attraverso l'esportazione è destinata a svolgersi soltanto per vie di terra, come per via di terra doveva proiettarsi la potenza manifatturiera tedesca sulla direttrice Berlino-Baghdad-Baku all'inizio del XX secolo: la via di terra, insomma, che, secondo il pensiero strategico tedesco di fine Ottocento, doveva essere la risposta continentale alla rotta che, attraverso Suez, da Londra arrivava in India e in Australia e che costituiva la "spina dorsale" dell'*Empire* da proteggere ad ogni costo (Correlli Barnett, *The Collapse of British Power*, London 1972).

Già la diversa percezione degli spazi coinvolti dalle vie di terra e dalle rotte di mare avrebbe dovuto mettere in guardia i suoi Architetti dal riporre troppe speranze in un progetto che si è interrotto con l'avvio della Guerra Civile Europea, iniziata nel 1914 e finita nel 1945.

Così non è stato, come aveva capito benissimo Carl Schmitt, quando diceva

> La Germania non è mai stata altro che uno Stato continentale europeo di media grandezza. Questo è il nostro destino: un destino da topi di terra! Il Reich tedesco è ridicolo a confronto con l'Empire inglese" (*Terra e Mare. Riflessioni sulla storia del mondo*, Milano 2002).

Il *Landnahme*, l'impossessamento di terra, insomma, non è niente in confronto al *Seenahme*, all'impossessamento di mare: questa è la lezione lasciata da Carl Schmitt ai mediocri strateghi di Maastricht e Lisbona. E questo segna il destino dell'Unione, che è un destino di inevitabile fallimento, nonostante le sue strategie mercantiliste.

In realtà l'Europa di Maastricht ha avuto la possibilità di diventare una potenza marittima attraverso il rapporto con la Gran Bretagna, che è stata la grande continuatrice, in età moderna, della tradizione medievale veneziana – e dunque italiana – di traffici commerciali ed influenze politiche.

Un'Europa che avesse saputo dare alla Gran Bretagna il ruolo che le spettava nel progetto europeo avrebbe potuto espandersi strategicamente sia per terra che per mare. Ma avrebbe dovuto risolvere l'equilibrio di potenza tra terra e mare attraverso un patto del genere di quello cercato nel 1940 e mai realizzato.

Questo patto non c'è mai stato. E allora non deve stupire che la Gran Bretagna di Maastricht sia salpata una seconda volta nella sua storia, dopo il XVII secolo, ed abbia abbandonato i topi di terra al loro destino. Perché la convivenza tra terra e mare – e, cioè, fra pensieri strategici diversi e diverse percezioni dello spazio – è impossibile. Se temporaneamente questa convivenza si realizza, è sempre instabile e occasionale.

6. Questo è il senso storico della Brexit, che riporta la Gran Bretagna nella sua antica posizione di ago della bilancia dello scacchiere europeo. E che restituisce il Foreign Office alla sua tradizionale funzione di regolatore, per via diplomatica, degli equilibri europei.

Da oggi in poi l'unico suo interesse sarà lavorare per contenere o distruggere quel che resta di quel progetto imperiale europeo, che era poi nient'altro, come ha spiegato benissimo sempre Henry Kissinger, se non la riproposizione in età moderna del modello di Carlo V d'Asburgo da parte del pensiero strategico americano del dopoguerra.

E infatti, per qualcosa che non è una coincidenza della storia, l'altra grande potenza marittima che, dopo aver preso il dominio degli oceani nel 1945, ha preso il dominio del Mediterraneo dai tempi di Suez, e cioè gli USA, è oggi, sia pure con i nuovi limiti di pensiero strategico che un tempo non le appartenevano, in rotta di collisione con quel che resta del progetto neoimperiale europeo.

E cioè di un progetto che, in origine, era stato voluto proprio dagli americani, prima in funzione di contenimento dell'URSS e poi, dopo il 1989, per stabilizzare un lembo comunque rilevante – una regione – di Eurasia, partendo dal presupposto della realizzabilità di un mondo unipolare a dominio americano.

Gli anni della presidenza Obama-Clinton sono stati gli anni di massimo sviluppo del progetto neo-asburgico e l'euro ne è stata parte integrante, assieme all'abrogazione del Glass-Steagall Act che sanciva la distinzione tra banche d'affari e banche commerciali. Così come ne è stata parte integrante, in Italia, la collaborazione di buona parte della classe dirigente di quegli anni, che, per sopravvivere e governare un paese che doveva deindustrializzarsi in nome della teoria dei vantaggi comparati, si è alimentata del doppio rapporto con la centrale americana e con i suoi terminali europei, in Francia e Germania.

Sono anni, questi, che sono finiti nel Mediterraneo. E sono finiti prima con la vicenda libica, iniziata con una guerra combattuta dall'Italia, per conto terzi, contro gli interessi italiani, e poi con la vicenda siriana, in cui la Francia ha mostrato tutta la sua incapacità di sostituire la Gran Bretagna come braccio marittimo di proiezione di potenza, nonostante iniziative come la Scuola di Guerra Economica (*École de Guerre Économique*), concepita dagli enarchi per perseguire, in forme non militari, e a discapito dei vicini europei, tra cui l'Italia, gli interessi francesi.

E a buon diritto: in fondo il conflitto economico è il cuore del progetto europeo, come dimostra l'art. 3 del Trattato sull'Unione Europea (TUE), che fa della "forte competizione" l'obiettivo privilegiato dell'ordinamento dell'Unione, cui tutti gli altri devono subordinarsi.

La creazione, da parte della Francia, di un'istituzione come la Scuola di guerra economica è solo un sintomo di salute e consapevolezza di sé da parte di uno Stato che non vuole rinunciare ad essere Stato, pur all'interno del "sogno" europeo. E che sfrutta il "sogno" per continuare ad operare, sia pure nel modo tradizionalmente velleitario e sbilenco che gli è proprio, come uno Stato.

Semmai sono stati i Paesi o, meglio, le classi dirigenti di Paesi come l'Italia, che si sono voluti fare satellite, a precludersi questa consapevolezza di organizzazione e, dunque, di azione politica. Accettando così, e anzi, accelerando, una sorte di declino che sarebbe stato evitabilissimo.

Oggi quel che resta del progetto europeo si è ridotto, come già nel 1943, all'area franco-tedesca e ai rispettivi satelliti (Fabio Merusi, *Il sogno di Diocleziano*, Torino 2012), anche extraeuropei, come sono dei satelliti le ex-colonie del Franco CFA, le cui popolazioni sono state fatte fluire in Italia negli ultimi anni come destinazione di seconda scelta, che alleggerisse la naturale pressione sulle coste francesi di popolazioni francofone.

È un'area, quella franco-tedesca, tutta di terra che oggi è sotto pressione dal mare tanto da Ovest, con la Brexit, quanto da Sud, e cioè dal Mediterraneo, attraverso l'Italia. Non sono ricorrenze casuali quelle in corso, per il semplice fatto che la geopolitica ha una sua logica e che, come aveva capito benissimo Schmitt settant'anni fa, il mostro mitologico di terra, il Behemoth, è destinato ad essere sempre strangolato dal mostro mitologico di mare, il Leviatano.

Una volta che gli equilibri di potere americani si saranno definitivamente stabilizzati, sarà solo questione di tempo perché l'anglosfera riprenda il controllo del piccolo gigante di Terra, e riduca a ragione uno strumento – in realtà un esperimento – di governo regionale sfuggito di mano ai suoi creatori. E che è stato venduto alle popolazioni di questa parte di Eurasia come "sogno europeo", infarcendolo di richiami a Kant, alla "pace perpetua", all'ideologia dei diritti in impossibile, perenne espansione, all'economia "in equilibrio" dell'ordoliberismo, e ad altre amenità del genere.

Per l'Italia, che è una potenza regionale anfibia e che non ha mai scelto veramente fra terra e mare, e dunque non si è mai veramente compiuta, presa com'è fra un Nord manifatturiero ed esportatore, ed un Sud centro naturale del Mediterraneo, se ci sarà salvezza, questa salvezza verrà dal mare. E sarà una salvezza dolorosa da raggiungere. Come sempre, dal mare e dalle sue potenze verrà – se verrà – la salvezza del resto d'Europa.

Bibliografia di riferimento

Attali Jacques, *Breve storia del futuro. Rivista e aggiornata a dieci anni dalla crisi*, Fazi 2016

Böckenforde, Ernst Wolfgang, *Diritto e secolarizzazione. Dallo stato moderno all'Europa unita*, Laterza 2007

Casati, Gabrio *Luigini contro contadini. Il lato oscuro della questione settentrionale*, Guerini e Associati 2011

Castoriadis, Cornielius, *Socialisme ou barbarie*, Guanda 1969

Correlli Barnett, *The Collapse of British Power*, Prometheus Books 1972

Davies, Richard, *Extreme Economies: Survival, Failure, Future – Lessons from the World's Limits*, Bantam Press 2019

Douglas, Mary, *Emotion and culture in theories of justice*, in "Economy and Society", 1993, vol 22, n. 4

Fauvelle, François-Xavier *Il rinoceronte d'oro*, Einaudi 2017

Fejto, François, *La fine delle democrazie popolari. L'Europa orientale dopo la rivoluzione del 1989*, Mondadori 1994

Forsthoff, Ernst, *Lo Stato della società industriale*, Giuffrè 2011

Foucault, Michel, *Nascita della biopolitica*, Feltrinelli 2005

Frank, Thomas, *Listen, Liberal: Or, What Ever Happened to the Party of the People?*, Picador 2017

Godelier, Maurice, *L'Idéel et le matériel: Pensée, économies, sociétés*, Fayard 2014
Guilluy, Christophe, *La France périphérique: Comment on a sacrifié les classes populaires*, Flammarion 2015
Guilluy, Christophe, *Le Crépuscule de la France d'en haut*, Flammarion 2016
Kissinger, Henry, *Ordine Mondiale*, Mondadori 2015
Kissinger, Henry, *Cina*, Mondadori 2011
Maallouf, Amin, *Les naufrages des civilistations*, Grasset 2019
Marx, Karl, Engels, Friedrich, *Manifesto del partito comunista*, Einaudi 2014
Merusi, Fabio, *Il sogno di Diocleziano*, Giappichelli. 2012
Sainte-Marie, Jérôme, *Bloc contre bloc: La dynamique du Macronisme*, éditions du Cerf 2019
Sapelli, Giulio, *La democrazia trasformata. La rappresentanza tra territorio e funzione: un'analisi teorico-interpretativa*, Bruno Mondadori 2007
Ventura, Raffaele Alberto, *La guerra di tutti, Populismo, terrore e crisi della società liberale*, Minimum Fax 2019
Ventura, Raffaele Alberto, *Teoria della classe disagiata*, Minimum Fax 2017
Vermeren, Pierre *La France qui déclasse: Les Gilets jaunes, une jacquerie au xxe siècle*, Tallandier 2019
Wittfogel, Karl August, *Il dispotismo orientale*, Vallecchi 1968
Yoo John, *The Powers of War and Peace: The Constitution and Foreign Affairs After 9/11*, University of Chicago Press 2006

Indice dei nomi e dei luoghi

A
Accordi di Bretton Woods 33, 98
Africa 39, 58, 59, 62, 68, 82
Africa medioevale 39
AIDS 82
Alta Corte Europea 85
Anni novanta 51, 52, 83
Anni ottanta 51, 84, 106
Anni sessanta 98
Aquisgrana 73
Armistizio dell'8 settembre 1943 102
Ascensore sociale 12, 32
Asia 58, 68
Attali, Jacques 96
Attentati terroristici dell'11 settembre 91, 92, 93, 94, 95
Australia 112
Autorità Indipendenti 26

B
Baghdad 111
Baku 112
Banca mondiale 33
Banche centrali 38
Baviera 103
BCE (Banca centrale europea) 33, 69, 70, 71, 72
Benedetto XVI 7
Beria, Lavrentiy 65
Berlino 73, 111
Bernhard, Ernst 52, 53
Big data 45
Bilancio europeo pluriennale 86, 90
Bismarck, Otto von 30
Boas, Franz 52
Bobbio, Norberto 51
Böckenförde, Ernst-Wolfgang 29, 34, 98
Borse valori 43
Brexit 86, 114, 117
Bruxelles 71, 89
Buddismo 66
Buenos Aires 51
Bundestag 73
Burke, Edmund 50
Burocrazia europea 12, 30
Bush, George W, 94

C
California 81
Canada 40
Canale di Suez 112, 114
Capitalismo 24, 30, 31, 83, 84
Capitalismo finanziarizzato 30
Capitalismo monopolistico di Stato 60
Carlo V d'Asburgo 114
Carta di Nizza 99
Casati, Gabrio 31
Castoriadis, Cornelius 24
Catalogna 85
Centralizzazione istituzionale 30
Chemnitz 109
Chongqing 67
Cigno nero 18, 35, 43
Cina 18, 36, 38, 39, 40, 56, 57, 58, 59, 60, 61, 62, 63, 64, 68, 76, 94, 98, 99, 110

Cina post-maoista 29
Clinton, Bill 115
Codice QR (Quick Response) 45
Colloqui di Ginevra 37
Comitato Centrale del PCC 67
Comitato Permanente del Politburo del PCC 65
Commissione europea 86
Commissione militare centrale 65
Common law 30
Commons 26
Conferenza OMC di Cancun del 2003 37
Conferenza OMC di Seattle del 1999 37
Confucio 47
Consiglio europeo 86
Convenzione europea dei diritti dell'uomo 99
Corea del Nord 64
Corea del Sud 44, 56
Coronavirus 18, 31, 36, 38, 41, 43, 44, 45, 79, 83
Costituzione della Repubblica italiana 77
Costituzione dell'Unione europea 74
Cricca di Shanghai 66
Crisi del debito pubblico 71
Crisi di civiltà 11
Crisi di Weimar 95
Crisi finanziaria del 2008 11, 70, 100, 111
Crisi istituzionale italiana degli anni 1991-93 101, 105
Cristianesimo 52
Crollo dei sistemi socialisti dell'Europa dell'Est 82
Crollo del Muro di Berlino 87, 89
Cuba 29
Cultura di massa 17, 18

D
Davies, Richard 35
De Crescenzo, Luca 81
Deflazione 38
Deflazione secolare 26, 38, 69
Delocalizzazione 24, 25
Democrazia liberale 29, 72
Deng Xiaoping 56, 64, 65
Derivati finanziari 38
Determinismo economico 10
Diciannovesimo secolo 8
Diciottesimo secolo 8
Dinastia Ming 39, 57
Dinastia Qing 62
Diritto costituzionale 12, 30
Diritto pubblico 12, 26
Dittature capitalistiche di stato 29
Dopoguerra 98, 108, 111, 114
Douglas, Mary 75, 76
Draghi, Mario 69, 70

E
Ebraismo 52
Economia finanziaria 10
Economia reale 10
Elementi strategici (Rare Earth/Terre Rare) 59, 60
Emilia 78
Engels, Friedrich 39
Entelechia 52
Esternalità 25
Eurasia 109, 115, 118
Euro 71

Eurogendfor 108
Europa 11, 40, 58, 69, 72, 73, 85, 86, 89, 94, 99, 102, 106, 109, 113, 118
Europa dell'Est 101, 107

F
FAO 33
Fauvelle, François-Xavier 39
Financial Times, The 74
Finanziarizzazione 30
Fine della convertibilità del dollaro in oro 98
Fondo Monetario Internazionale 33
Fondo salva Stati 72
Foreign Office 114
Forsthoff, Ernst 98
Francia 8, 40, 68, 76, 86, 87, 101, 107, 108, 109, 111, 115, 116
Franco CFA (Colonie Francesi d'Africa) 117
Francoforte 69, 73
Frank, Thomas 32
Friuli-Venezia Giulia 78

G
G20 60
Gemeinschaft 24
Germania 36, 68, 71, 72, 86, 87, 94, 100, 101, 107, 108, 109, 110, 111, 112, 115
Gesellschaft 24
Giappone 56, 64, 68
Giusnaturalismo 51
Giuspositivistmo 51, 52
Glass-Steagall Act 115
Globalizzazione 8, 18, 37, 38, 69, 96
Globalizzazione finanziaria 18, 38, 39, 40, 89
Globalizzazione manifatturiera 38, 96
Godelier, Maurice 84
Golfo Persico 62
Governance 23
Governo Monti 100
Gran Bretagna 8, 101, 113, 114, 116
Grande Medio Oriente 83
Granet, Marcel 39, 62
Grecia 103
Gruppo Bruegel 71
Guerra fredda 92, 98, 100
Guerra mondiale al terrorismo 92
Guerre dell'oppio 62
Guilluy, Christophe 31

H
Hansmann, Henry 84
Hegel, Georg Wilhelm Friedrich 29, 53
Hintze, Otto 49
Hölderlin, Friedrich 42
Hu Jintao 56, 65
Husserl, Edmund 85

I
Impero di Mezzo 36, 62, 67
India 59, 112
Indipendentismo catalano 85
Indonesia 57
Industria farmaceutica 83
Ineguaglianze/disuguaglianze 12, 32, 81, 82, 89
Influenza aviaria 45
Ingresso della Cina nel WTO, 11 dicembre del 2001 98

Innovazione 23
Internet 18
Italia 31, 36, 43, 44, 47, 48, 51, 52, 55, 75, 76, 77, 79, 101, 102, 103, 108, 109, 115, 116, 117, 118

J
Jellinek, Georg 103
Jiang Zemin 56, 65
Johnson, Boris 50
Jung, Carl Gustav 52, 53

K
Kant, Immanuel 118
Kelsen, Hans 51
Keynesismo 97
Khabarovsk 109
Kissinger, Henry 54, 114
Krusciov, Nikita 64

L
Laburismo 30
Lagarde, Christine 69, 70
Landnahme 112
Legge sulla Stabilità e la Crescita del 1967 (Germania) 100, 111
Levins, Richard 83
Liberalismo 29, 30, 34
Liberismo 38, 77, 81
Libero scambisti 40
Libia 76
Li Keqiang 65
Liu Shaoqi 61
Li Zhanshu 67
Lombardia 78
Londra 112
Los Angeles 81
Lumi 13

M
Maalouf, Amin 31
Macron, Emmanuel 73
Manifattura 25, 78
Maoismo 56, 58
Mao Zedong 61, 63, 64
Mario Draghi 69
Marshall, Alfred 24
Marx, Karl 39
Medio oriente 111
Mediterraneo 102, 109, 114, 115, 117, 118
Mercosur 40
Merkel, Angela 50, 73
MES (Meccanismo Europeo di Stabilità) 71, 72, 73, 108
Min'er, Chen 67
Modo di produzione asiatico 63
Morisi, Massimo 76
Mosca, Gaetano 33

N
Nanchino 62
nazionalismo giapponese 63
Needham, Joseph 39, 62
Neoliberismo 9, 10, 26
Neo-maoismo 66
NHCC (National Health Command Center) 46
Nino, Carlos Santiago 51
Nord del mondo 25, 37
Nord Italia 103, 118
Not for profit 26
Novecento 24, 29, 51, 62, 83, 84

O
Obama, Barack 115
Occidente 11, 15, 59, 60, 68, 92, 93

Oceano Indiano 62
Oceano Pacifico 109
OMT (Outright Monetary Transactions) 73
ONU (Organizzazione delle Nazioni Unite) 33, 34
Ordoliberismo 77, 118
Oriente 93, 94
Ostrom, Elinor 84
Ottocento 24
Ovest 117
Owner capitalism 30

P
Paesi in via di sviluppo 38
Pareto, Vilfredo 33
Parigi 40, 73
Parlamento europeo 73, 88
Parolin, Pietro 66
Partite IVA 47
Partito democratico americano 65
PCC (Partito Comunista Cinese) 55, 60, 67, 99
PCC, XIX Congresso nazionale del (2017) 54, 61, 66
Pechino 62, 66
Piano antispread 73
Piano salva euro 73
Poliarchia 11, 23, 26
Politburo del PCC 67
Polonia 109
Positivismo 51, 85
Predieri, Alberto 26
Prima guerra mondiale 112
Protezionismo 40
Provincia Hebel 67
Psicologia analitica 53
Putin, Vladimir 67

Q
Quattrocento 39, 61

R
Repubblica popolare cinese 55
Riforma protestante 51
Riunificazione della Germania 100
Rivoluzione culturale cinese 63
Romagna 78
Romano, Santi 94, 95
Russia 43, 67, 68, 110

S
Sainte-Marie, Jérôme 31
San Paolo 7, 21, 74
SARS 45, 83
Sauditi 43
Schmitt, Carl 94, 95, 98, 112, 113, 117
Scholz, Olaf 73
Scioperi di Shanghai nel 1927 63
Scuola di Guerra Economica (École de Guerre économique) 116
Secolarizzazione 52
Seconda guerra mondiale 16, 98
Secondo governo Conte 76
Seenahme 112
Servizi segreti 55
Settimana dell'agricoltura (Fiera di Parigi) 40
Smart working 47
Socialismo 30
Spagna 85, 86
Spread 69
Stalin, Josif 63
Stati Uniti d'Europa (USE) 89

Stato di diritto 27
Stock option 31
Sud America 83
Sud del mondo 25, 37
Sud est asiatico 59
Sud Italia 103, 117, 118
Sussidiario, Il 76
Sweezy, Paul 49

T
Taiwan 44
Tassa sul web 85
Tecnocrazia 12, 30, 33, 88
Tecnocrazia europea 86
Tecnologia 23, 24, 46
Telecomunicazioni 55
Terremoto di Messina del 1908 95
Terrorismo 93
Terza guerra mondiale 71
Tibet 66
Trattati Interstatuali 27
Trattato del Quirinale 108
Trattato di Aquisgrana 86, 108
Trattato di Lisbona 113
Trattato di Maastricht 99, 100, 102, 106, 113
Trattato di Roma 88
Trattato di Velsen 108
Trattato unico europeo 116
Trichet, Jean-Claude 69
Trump, Donald 94
Turchia 68

U
UE (Unione europea) 26, 30, 34, 37, 87, 88, 99, 100, 102, 107, 108, 109, 110, 113, 116
Unione bancaria europea 74
Università di Harvard 83
URSS/Unione Sovietica 63, 64, 65, 115
USA/Stati Uniti d'America 37, 40, 43, 55, 56, 59, 64, 67, 68, 70, 86, 98, 99, 108, 114
Utopia 84

V
Vam Yang 67
Veneto 78
Venezuela 29
Ventura, Raffaele Alberto 31
Vermeren, Pierre 31
Vicino Oriente 102
Vico, Giambattista 39
Vienna 54
Vietnam 56, 68

W
Wang Qishan 65, 66
Warfare 98
Welfare 30
Wilsoniano 33
Wittfogel, Karl August 39, 63
Wolff, Guntram 71
Wolfgang Schauble 72
Wroclaw 109
WTO (World Trade Organization) 37, 38, 40, 65, 98

X
Xi Jinping 55, 56, 61, 63, 64, 65, 66, 67, 76

Y
Yoo, John 94

Z
Zheng He 39, 61, 62

Indice

Pandemia e trasformazione
di Giuseppe De Lucia Lumeno 7

2020 Pandemia e Resurrezione 21
Introduzione 23
I limiti della democrazia liberale 29
2020 anno davvero fatale? 37
Il crack delle borse mondiali
e i modelli di risposta alla crisi 43
La disinformazione sanitaria dell'imperialismo
cinese 55
La cecità delle élite 69
Purezza e magia:
individualisti e ribelli in Italia 75
Rileggiamo i classici:
Maurice Godelier e Richard Levins 81

L'emergenza e le tre Grandi Cesure
di Alessandro Mangia 91

Opere citate 119

Lista dei nomi e dei luoghi citati 121

Dalla collana *Sguardi sul mondo attuale*

Luca Ricolfi, *Le tre società. È ancora possibile salvare l'unità dell'Italia?*

Luca Ricolfi, *Ostaggi dello Stato. Le origini politiche del declino e dell'insicurezza*

Carlo Nordio, Giuliano Pisapia, *In attesa di giustizia. Dialogo sulle riforme possibili*, prefazione di Sergio Romano

Franco Reviglio, *Goodbye Keynes? Le riforme per tornare a crescere*

Luca Ricolfi, *Il sacco del Nord. Saggio sulla giustizia territoriale*

Gabrio Casati, *Luigini contro Contadini. Il lato oscuro della Questione Settentrionale*, prefazione di Giulio Sapelli

Gianluigi Da Rold, *Assalto alla diligenza. Il bottino delle privatizzazioni all'italiana*, prefazione di Giorgio Vittadini, introduzione di Giulio Sapelli

Lamberto Dini, con Luigi Tivelli, *Una certa idea dell'Italia. Cinquant'anni tra scena e retroscena della politica e dell'economia*

Mauro Magatti, *La nuova borghesia produttiva. Un modello per il capitalismo italiano*

Gian Mario Rossignolo, *Passione industria. Cinquant'anni nel cuore della grande impresa italiana*, prefazione di Giulio Sapelli

Antonio Pilati, *Rivoluzione digitale e disordine politico*, prefazione di Giulio Sapelli

Stefano Righi, *Il grande imbroglio. Come le banche si prendono i nostri risparmi*

Enzo Risso, *Con rabbia e speranza. Il nuovo volto dell'Italia in cerca di riscatto*

Marcello Foa, *Gli stregoni della notizia. Atto II. Come si fabbrica informazione al servizio dei governi*

Germano Maifreda, *Un capitalismo per tutti. La Montedison di Mario Schimberni e il sogno di una Public Company*, prefazione di Giulio Sapelli

Giovanni Castellaneta, *In prima fila. Quale posto per l'Italia nel mondo?*, prefazione di Giuliano Amato

Carlo Nordio, *La stagione dell'indulgenza e i suoi frutti avvelenati. Il cittadino tra sfiducia e paura*

Antonio Pilati, *La catastrofe delle élite. Potere digitale e crisi della politica in Occidente*

Enzo Risso, *La conquista del popolo. Dalla fine delle grandi ideologie alle nuove identità politiche*

Vannino Chiti, *Le religioni e le sfide del futuro. Per un'etica condivisa fondata sul dialogo*, contributi di Sumaya Abdel Qader, Vittorio Robiati Bendaud, Simone Siliani, Don Armando Zappolini

Mario Giro, *Global Africa. La nuova realtà delle migrazioni: il volto di un* continente in movimento

Yoram Hazony, *Le virtù del nazionalismo*

Printed in Poland
by Amazon Fulfillment
Poland Sp. z o.o., Wrocław

55953505R00078